실담학(悉曇學) 학술총서(學術叢書) 03.

신 천축문자자모보.

新 天竺文字字母譜.

고오석 高午錫 지음.

si ddhāṃ

학자원

𑖢𑖿𑖨𑖕𑖿𑖗𑖯 प्रज्ञा པྲཛྙཱ prajñā 般若 智慧

釋 承德(승덕) 작품

서문 序文

책을 쓴다는 일은 어려운 일이라는 것을 알면서도 하게 되는 것은 해야 한다는 사명때문이 아닌가 생각해봅니다. 종합실담학개론과 후속작인 범어천자문과 범당소식주석을 출간한 이후에 관심사는 실담자가 후대의 문자와 어떤 연관이 있을까 하는 것이었습니다.

그러면서 하게 된 유투브는 개인적으로 굉장히 어렵고 힘들었지만, 새로운 학문의 영역으로 이끌어 주었습니다. 종자집을 강의하면서 브라흐미계통의 문자들을 낑낑대면서 연구하고, 그 문자들도 실담자들처럼 결합의 원리가 있다는 것을 알게 되면서 문자 연구에 대한 열망은 더 커져만 갔고, 어렵게만 느껴지던 데바나가리 문자의 원리를 터득하고, 더 나아가서 티베트 문자의 결합의 원리를 터득하면서 굉장히 기뻤습니다. 티베트 문자를 이해하니 티베트 문자 후대의 문자가 이해가 되기 시작했습니다. 이러한 과정들은 코로나가 가져다준 시련이자 선물이 아닌가 생각했습니다. 코로나 때문에 주어진 중요한 시간이 이 모든 것을 가능하게 했으니, 성현께서 말씀하신 "불출호지不出戶知"가 이런 게 아닐까 생각해 본적이 많았습니다. 쉽게 진도가 잘 나가던 때에 가장 큰 난관은 만주 문자와 몽골 문자부문이었습니다. 아무리 연구해 보아도 답이 보이지가 않았는데 어느 순간 원리가 눈에 들어오기 시작하면서 사체합벽대장전주가 이해가 되고, 그것을 강의하게 되면서 많은 희열을 느꼈습니다. 또한 무작정 도전한 오체청문감을 통해서 차카타이 문자를 이해하고, 서역동문지를 통해서 오이라트 문자의 세계에 진입하고 고전작품들을 통해서 문자의 세상을 이해하니, 이 모든 것은 실담학문이 저자에게 준 선물이라는 생각이 듭니다. 또한 유투브를 통해서 선보였던 천축자모보를 좀 더 보완하여 새롭게 정리했습니다. 5체로 되어있는 작품을 일단 8체로 정리했습니다. 8체로 50자모를 보다보면 문자를 보는 안목이 높아질 것이며, 유가금강정경석자모품을 함께 소개하였습니다. 처음 8개 문자는 함께 소개하고 9번부터 56번까지 문자는 각각 50자모를 소개하였습니다. 우리가 접하기 힘든 문자인 여진 문자, 거란 대자, 거란 소자, 동파 문자, 여서를 선보이고, 서하 문자는 부수만 소개하고 기회가 되면 서하 문자는 단독으로 집필할 생각입니다. 학문의 정점에 도달하기 위해서는 기본실력을 갖추어야하며, 그 근본에 문자가 있습니다. 실담 문자를 통해서 후대의 문자를 이해하시면 드넓은 학문의 세계가 펼쳐질 것이라고 생각합니다.

먼저 학문을 이룩하신 선학들이 아니었으면 감히 범접할 수 없는 학문의 경지이기에 선학들의 노고에 감사드립니다. 또한 선학들의 학문의 경지를 오늘날의 눈부신 과학기술이 그것을 세상에 구현 가능하게 해주었습니다. 문자에 대한 연구와 열정이 과학기술과 함께 하면서 그 어려운 문자 연구도 한결 쉬워지고 있는 것입니다. 그 덕택에 이 작품도 세상에 나오게 된 것입니다.

조상님과 부모님의 덕으로 삶을 살아가고, 힘겨운 코로나 시절을 이겨내고 학문의 성과를 내도록 도와준 아내 최성희와 아들 민국, 딸 민정이에게 이 공을 돌리고 싶습니다. 그리고 이 어려운 시절에도 꿋꿋하게 나라의 학문 발전과 유지를 위해 묵묵히 일하시고 이 작품을 쓰게끔 계기를 마련해 주신 학자원 김병환사장님께 감사드리며, 실담자를 공부하시면서 새로운 이 작품이

나오도록 큰 힘을 보태주신 강원도 원주 문막의 비담사 승덕스님에게 이 책을 바치겠습니다.

원고는 다 썼지만, 과연 출판이 되어 세상에 나올 수 있을까하는 생각을 수없이 했고, 국가도 학계도 일반 대중들도 관심 없는 이 현실에, 게다가 경제적 어려움이 코로나 시기보다도 가중되고 있어 모두가 힘겨운 때에, 승덕스님께서 어려운 절 사정에도 불구하고 우리 실담학 발전을 위해 본 작품의 출판비를 지불해 주셨습니다. 국가와 불교계와 학계가 해 줘야 할 위대한 이 일을 해 주신 승덕스님께 깊은 감사를 드립니다. 승덕스님께서 실담학에 많은 관심과 열정을 가지고 계시고 제가 스페인에 있기에 부족한 면들을 대신해 주시고, 국내에 실담학이 더 알려질 수 있는 발판이 되어 주셔서 기쁘기 그지없습니다. 미약한 우리 실담학이 비담사를 중심으로 새롭게 발돋움하고 더불어 실담학의 본산이 되어서 세계에 빛나는 실담학의 도량이 되었으면 하는 소망을 빌어봅니다. 삶을 살아가면서 도와주신 많은 분들께 진심으로 감사드리며, 많은 분들이 실담학문을 통하여 원하신 바 모든 일이 이루어지길 기원드립니다.

2024년 6월 15일.

스페인에서

저자 고오석 記.

목차 目次

범례 凡例

◎ 1~8번 문자는 같은 자모 하나씩 소개.

◎ 9~56번 문자는 각각의 문자를 50자모로 소개.

◎ 57~61번 문자는 각각의 문자를 전체 소개.

◎ 62번 서하문자는 방대해서 부수만 소개.

◎ 각각의 문자는 고유한 체계가 있어서 전체적으로 통일된 규격을 맞추기가 어렵습니다. 독자들의 너그러운 양해를 부탁드립니다.

新 天竺文字字母譜 音韻十六字

瑜伽金剛頂經釋字母品 a-01 阿上字門一切法本不生故

①Siddhāṃ	②Lantsha

③Tibetan	④Devanagari
	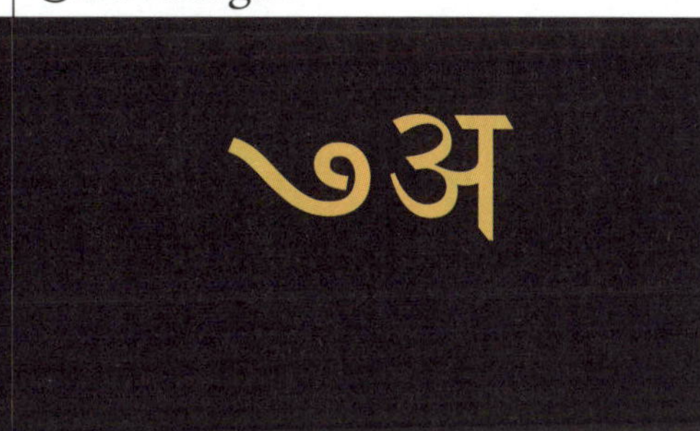
⑤Manchu	⑥Mongolian

⑦Vartu	⑧漢字
	阿

ā-02 阿引去字門一切法寂靜故

①Siddhāṃ	②Lantsha

③Tibetan	④Devanagari
	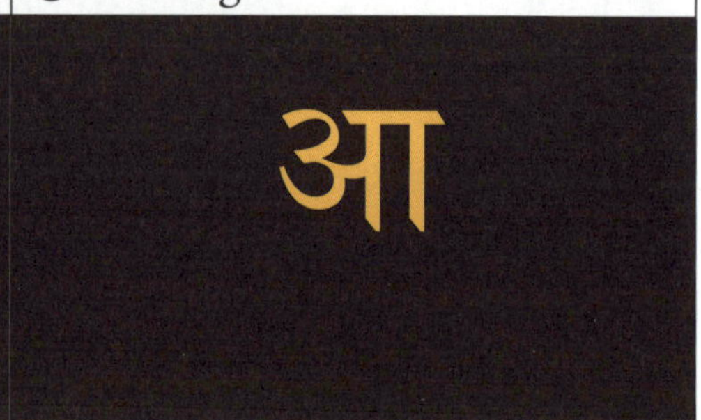
⑤Manchu	⑥Mongolian

⑦Vartu	⑧漢字

i-03 伊上字門一切法根不可得故

①Siddhāṃ	②Lantsha

③Tibetan	④Devanagari

⑤Manchu	⑥Mongolian

⑦Vartu	⑧漢字
	伊 乙衣切 喉

ī-04 伊引去字門一切法災禍不可得故

①Siddhāṃ	②Lantsha

③Tibetan	④Devanagari

⑤Manchu	⑥Mongolian

⑦Vartu	⑧漢字
	伊 伊 喉

u-05 塢字門一切法譬喩不可得故

①Siddhāṃ	②Lantsha

③Tibetan	④Devanagari

⑤Manchu	⑥Mongolian

⑦Vartu	⑧漢字

ū-06 汚引字門一切法損減不可得故

①Siddhāṃ	②Lantsha

③Tibetan	④Devanagari

⑤Manchu	⑥Mongolian

⑦Vartu	⑧漢字

ṛ-07 哩字門一切法神通不可得故

①Siddhāṃ	②Lantsha

③Tibetan	④Devanagari
	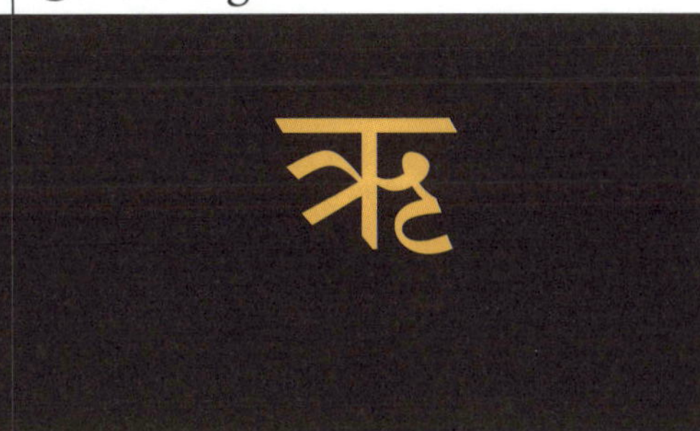
⑤Manchu	⑥Mongolian

⑦Vartu	⑧漢字
	嚟 哩伊切 彈舌

ṝ-08 哩引字門一切法類例不可得故

①Siddhāṃ	②Lantsha

③Tibetan	④Devanagari

⑤Manchu	⑥Mongolian

⑦Vartu	⑧漢字
	[口+梨]伊 彈舌

ḷ-09 唎字門一切法染不可得故

①Siddhāṃ	②Lantsha

③Tibetan	④Devanagari

⑤Manchu	⑥Mongolian

⑦Vartu	⑧漢字
	利 力伊切 半舌

Ḹ-10 嚧字門一切法沈沒不可得故

①Siddhāṃ	②Lantsha

③Tibetan	④Devanagari

⑤Manchu	⑥Mongolian

⑦Vartu	⑧漢字
	利 伊 半舌

e-11 噎字門一切法求不可得故

①Siddhāṃ	②Lantsha

③Tibetan	④Devanagari

⑤Manchu	⑥Mongolian

⑦Vartu	⑧漢字
	厄 吾禾切 喉 今用遏綱切

ai-12 愛字門一切法自在不可得故

①Siddhāṃ	②Lantsha
	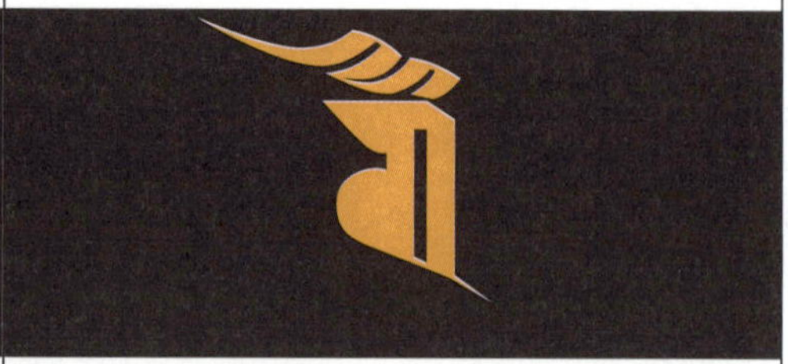
③Tibetan	④Devanagari

⑤Manchu	⑥Mongolian
	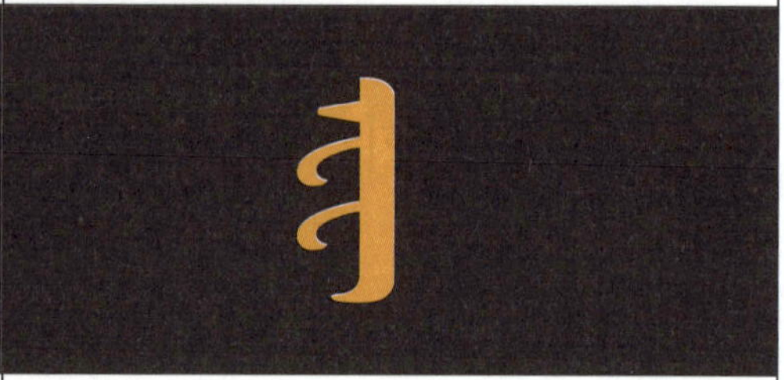
⑦Vartu	⑧漢字

o-13 汚字門一切法瀑流不可得故

①Siddhāṃ	②Lantsha

③Tibetan	④Devanagari
	ओ
⑤Manchu	⑥Mongolian

⑦Vartu	⑧漢字
	鄂 五格切 喉 今用烏倭切

au-14 奧字門一切法化生不可得故

①Siddhāṃ	②Lantsha

③Tibetan	④Devanagari

⑤Manchu	⑥Mongolian

⑦Vartu	⑧漢字

aṃ-15 暗字門一切法邊際不可得故

①Siddhāṃ

②Lantsha

③Tibetan

④Devanagari

⑤Manchu

⑥Mongolian

⑦Vartu

⑧漢字

aḥ-16 惡字門一切法遠離不可得故

①Siddhāṃ	②Lantsha

③Tibetan	④Devanagari
	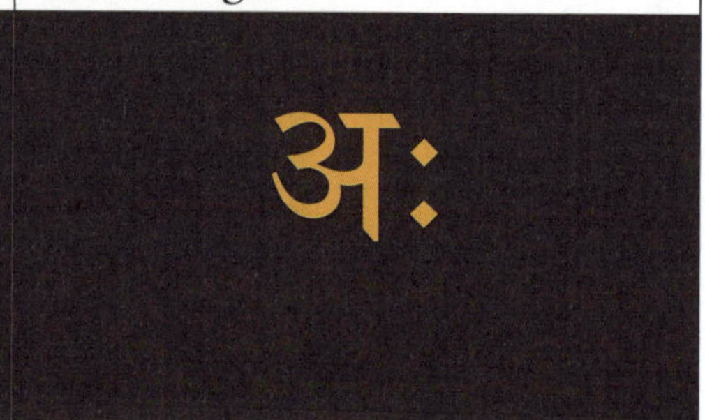
⑤Manchu	⑥Mongolian

⑦Vartu	⑧漢字

翻切三十四字

ka-17 迦上字門一切法離作業故

①Siddhāṃ

②Lantsha

③Tibetan

④Devanagari

⑤Manchu

⑥Mongolian

⑦Vartu

⑧漢字

嘎 古黠切 牙緊 今用哥阿切

kha-18 佉上字門一切法等虛空不可得故

①Siddhāṃ	②Lantsha

③Tibetan	④Devanagari

⑤Manchu	⑥Mongolian

⑦Vartu	⑧漢字
	喀 苦格切 牙 今用珂阿切

ga-19 誐上字門一切法行不可得故

①Siddhāṃ

②Lantsha

③Tibetan

④Devanagari

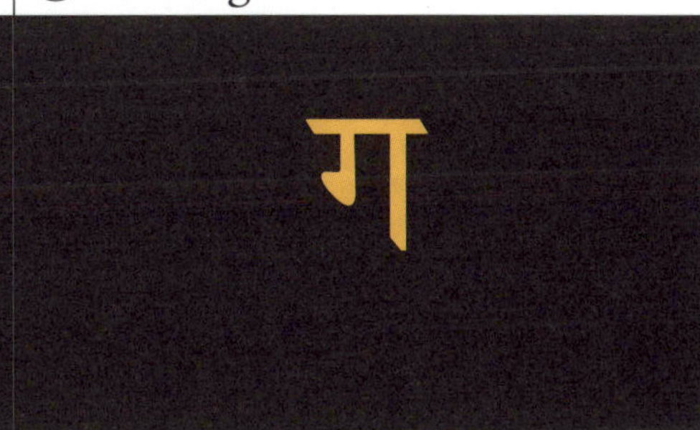

⑤Manchu

⑥Mongolian

⑦Vartu

⑧漢字

gha-20 伽去引字門一切法一合不可得故

①Siddhāṃ	②Lantsha

③Tibetan	④Devanagari

⑤Manchu	⑥Mongolian

⑦Vartu	⑧漢字
	哈噶 噶哈切 半牙半喉

ṅa-21 仰鼻呼字門一切法支分不可得故

①Siddhāṃ

②Lantsha

③Tibetan

④Devanagari

⑤Manchu

⑥Mongolian

⑦Vartu

⑧漢字

ca-22 左字門一切法離一切遷變故

①Siddhāṃ	②Lantsha

③Tibetan	④Devanagari
	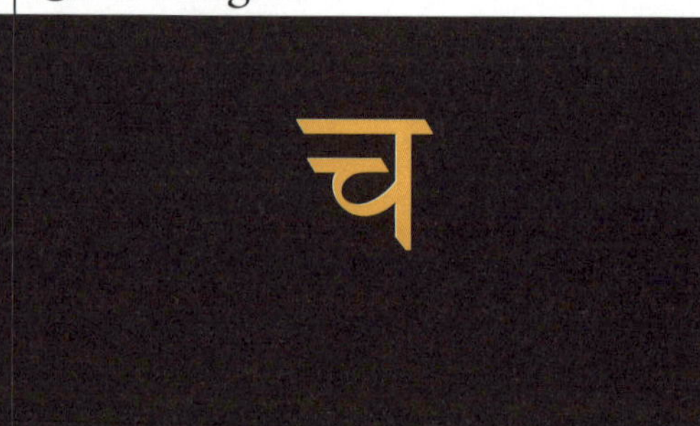
⑤Manchu	⑥Mongolian

⑦Vartu	⑧漢字

cha-23 磋上字門一切法影像不可得故

①Siddhāṃ

②Lantsha

③Tibetan

④Devanagari

⑤Manchu

⑥Mongolian

⑦Vartu

⑧漢字

ja-24 惹字門一切法生不可得故

①Siddhāṃ	②Lantsha

③Tibetan	④Devanagari

⑤Manchu	⑥Mongolian

⑦Vartu	⑧漢字
	雜 資阿切 齒頭綏

jha-25 鄼去字門一切法戰敵不可得故

①Siddhāṃ	②Lantsha

③Tibetan	④Devanagari

⑤Manchu	⑥Mongolian

⑦Vartu	⑧漢字

ña-26 穰上字門一切法智不可得故

①Siddhāṃ	②Lantsha

③Tibetan	④Devanagari

⑤Manchu	⑥Mongolian

⑦Vartu	⑧漢字
	尼鴉切 舌頭

ṭa-27 吒上字門一切法慢不可得故

①Siddhāṃ	②Lantsha

③Tibetan	④Devanagari

⑤Manchu	⑥Mongolian

⑦Vartu	⑧漢字
	查 支阿切 正齒緊

ṭha-28 咤上字門一切法長養不可得故

①Siddhāṃ	②Lantsha

③Tibetan	④Devanagari

⑤Manchu	⑥Mongolian

⑦Vartu	⑧漢字
	 蚩阿切 正齒

ḍa-29 拏上字門一切法怨敵不可得故

①Siddhāṃ	②Lantsha

③Tibetan	④Devanagari

⑤Manchu	⑥Mongolian

⑦Vartu	⑧漢字
	楂 之阿切 正齒緩

ḍha-30 荼去字門一切法執持不可得故

①Siddhāṃ	②Lantsha

③Tibetan	④Devanagari

⑤Manchu	⑥Mongolian

⑦Vartu	⑧漢字
	哈槎 槎哈切 半齒半喉

ṇa-31 拏尼爽反鼻呼字門一切法諍不可得故

①Siddhāṃ	②Lantsha

③Tibetan	④Devanagari

⑤Manchu	⑥Mongolian

⑦Vartu	⑧漢字
	那 吶阿切 卷舌

ta-32 多上字門一切法如如不可得故

①Siddhāṃ	②Lantsha

③Tibetan	④Devanagari

⑤Manchu	⑥Mongolian

⑦Vartu	⑧漢字
	答 得阿切 舌頭緊

tha-33 他上字門一切法住處不可得故

①Siddhāṃ	②Lantsha

③Tibetan	④Devanagari

⑤Manchu	⑥Mongolian

⑦Vartu	⑧漢字
	塔 忒阿切 舌頭

da-34 娜字門一切法施不可得故

①Siddhāṃ	②Lantsha

③Tibetan	④Devanagari

⑤Manchu	⑥Mongolian

⑦Vartu	⑧漢字
	達 德阿切 舌頭緩

dha-35 馱去字門一切法界不可得故

①Siddhāṃ

②Lantsha

③Tibetan

④Devanagari

⑤Manchu

⑥Mongolian

⑦Vartu

⑧漢字

na-36 曩字門一切法名不可得故

①Siddhāṃ	②Lantsha

③Tibetan	④Devanagari

⑤Manchu	⑥Mongolian

⑦Vartu	⑧漢字
	納 訥阿切 舌頭

pa-37 跛字門一切法第一義諦不可得故

①Siddhāṃ	②Lantsha

③Tibetan	④Devanagari

⑤Manchu	⑥Mongolian

⑦Vartu	⑧漢字
	 巴 逋阿切 重唇緊

pha-38 頗字門一切法不堅如聚沫故

①Siddhāṃ	②Lantsha

③Tibetan	④Devanagari
ཕ	फ
⑤Manchu	⑥Mongolian

⑦Vartu	⑧漢字
	葩 鋪阿切 重脣

ba-39 麼字門一切法縛不可得故

①Siddhāṃ	②Lantsha
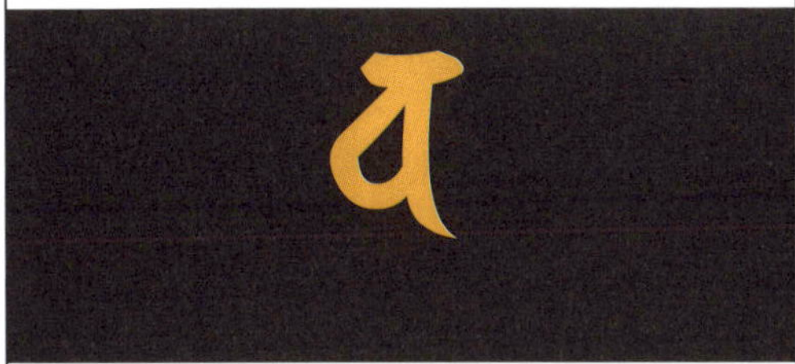	
③Tibetan	④Devanagari

⑤Manchu	⑥Mongolian

⑦Vartu	⑧漢字

bha-40 婆去重字門一切法有不可得故

①Siddhāṃ	②Lantsha

③Tibetan	④Devanagari

⑤Manchu	⑥Mongolian

⑦Vartu	⑧漢字
	哈拔 拔哈切 半唇半喉

ma-41 莽字門一切法吾我不可得故

①Siddhāṃ	②Lantsha
	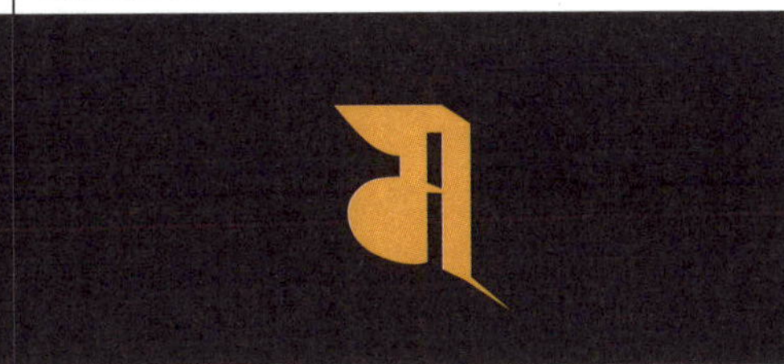
③Tibetan	④Devanagari
	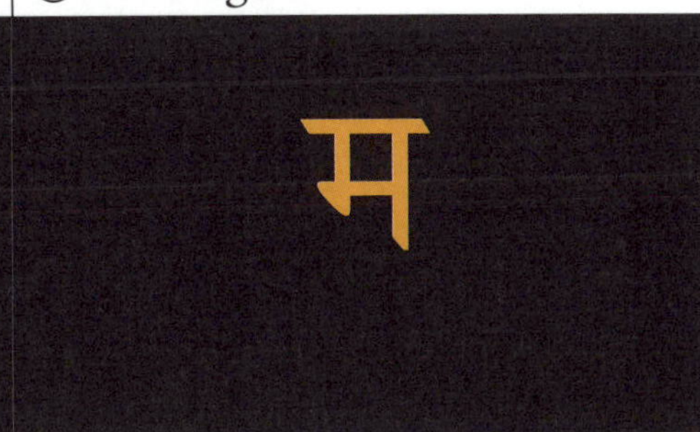
⑤Manchu	⑥Mongolian

⑦Vartu	⑧漢字

ya-42 野字門一切法乘不可得故

①Siddhāṃ	②Lantsha

③Tibetan	④Devanagari

⑤Manchu	⑥Mongolian

⑦Vartu	⑧漢字
	鴉 衣阿切 喉

ra-43 囉字門一切法離諸塵染故

①Siddhāṃ	②Lantsha

③Tibetan	④Devanagari

⑤Manchu	⑥Mongolian

⑦Vartu	⑧漢字
	喇 哷阿切 彈舌

la-44 邏字門一切法相不可得故

①Siddhāṃ

②Lantsha

③Tibetan

④Devanagari

⑤Manchu

⑥Mongolian

⑦Vartu

⑧漢字

拉 勒阿切 半舌

va-45 嚩字門一切法語言道斷故

①Siddhāṃ	②Lantsha

③Tibetan	④Devanagari

⑤Manchu	⑥Mongolian

⑦Vartu	⑧漢字
	斡 無阿切 輕唇

śa-46 捨字門一切法本性寂故

①Siddhāṃ	②Lantsha

③Tibetan	④Devanagari
ཤ	श
⑤Manchu	⑥Mongolian

⑦Vartu	⑧漢字
	沙 師阿切 正齒

ṣa-47 灑字門一切法性鈍故

①Siddhāṃ	②Lantsha

③Tibetan	④Devanagari
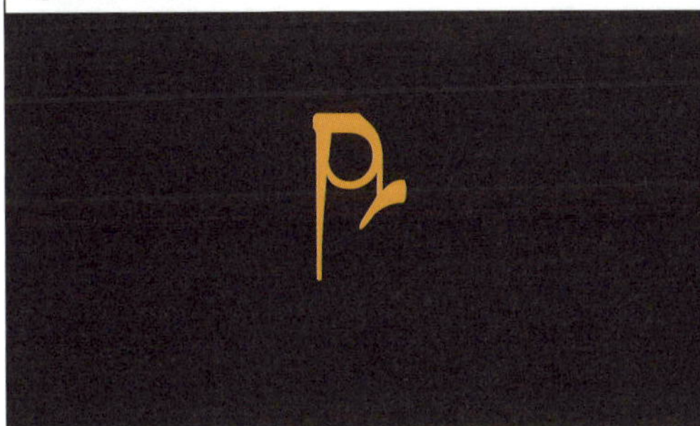	
⑤Manchu	⑥Mongolian

⑦Vartu	⑧漢字

sa-48 娑上字門一切法一切諦不可得故

①Siddhāṃ	②Lantsha

③Tibetan	④Devanagari
ས	स
⑤Manchu	⑥Mongolian

⑦Vartu	⑧漢字
	薩 思阿切 齒頭

ha-49 賀字門一切法因不可得故

①Siddhāṃ	②Lantsha

③Tibetan	④Devanagari

⑤Manchu	⑥Mongolian

⑦Vartu	⑧漢字
	哈 呵阿切 喉

kṣa-50 乞灑二合字門一切法盡不可得故

①Siddhāṃ	②Lantsha

③Tibetan	④Devanagari

⑤Manchu	⑥Mongolian

⑦Vartu	⑧漢字
	嗄 刹 螭阿切 正齒

9. Pracalit 音韻十六字

𑐀	𑐁	𑐂	𑐃
a	ā	i	ī
𑐄	𑐅	𑐆	𑐇
u	ū	ṛ	ṝ
𑐈	𑐉	𑐊	𑐋
ḷ	ḷ	e	ai
𑐌	𑐍	𑐀𑑄	𑐀𑑅
o	au	aṃ	aḥ

Pracalit 翻切三十四字

𑐎	𑐏	𑐐	𑐑	𑐒
ka	kha	ga	gha	ṅa
𑐔	𑐕	𑐖	𑐗	𑐘
ca	cha	ja	jha	ña
𑐚	𑐛	𑐜	𑐝	𑐞
ṭa	ṭha	ḍa	ḍha	ṇa
𑐟	𑐠	𑐡	𑐢	𑐣
ta	tha	da	dha	na

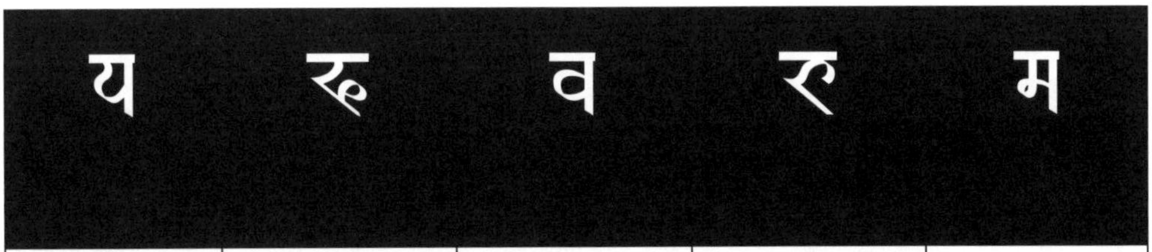

pa	pha	ba	bha	ma

ya	ra	la	va

śa	ṣa	sa	ha	kṣa

10. Zhangzhung smar 音韻十六字

a	ā	i	ī

u	ū	ṛ	ṝ

ḷ	ḹ	e	ai

o	au	aṃ	aḥ

Zhangzhung smar 翻切三十四字

ka	kha	ga	gha	ṅa

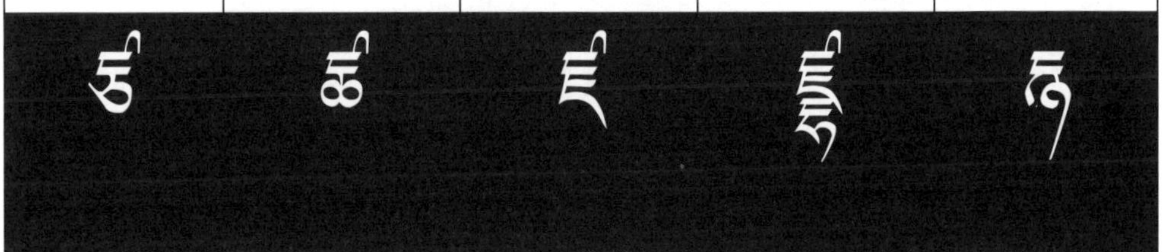

ca	cha	ja	jha	ña

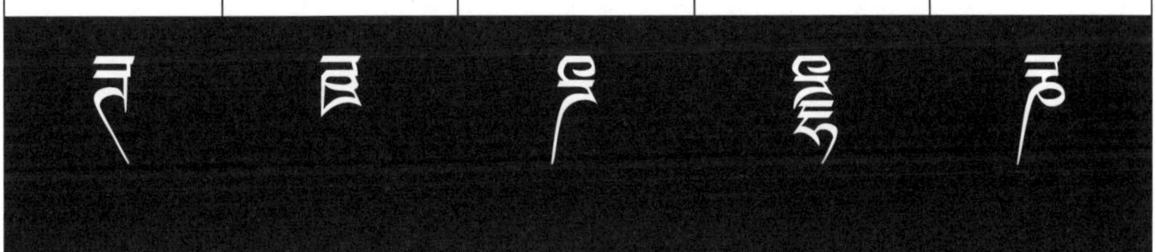

ṭa	ṭha	ḍa	ḍha	ṇa

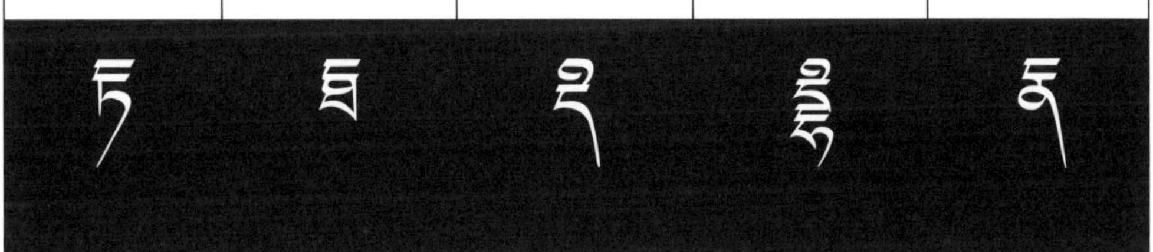

ta	tha	da	dha	na

པ	ཕ	བ	བྷ	མ
pa	pha	ba	bha	ma
ཡ	ར	ལ	ཝ	
ya	ra	la	va	
ཤ	ཥ	ས	ཧ	ཀྵ
śa	ṣa	sa	ha	kṣa

11. Zhangzhung machen 音韻十六字

a	ā	i	ī

u	ū	ṛ	ṝ

ḷ	ḹ	e	ai

o	au	aṃ	aḥ

Zhangzhung machen 翻切三十四字

ka	kha	ga	gha	ṅa

ca	cha	ja	jha	ña

ṭa	ṭha	ḍa	ḍha	ṇa

ta	tha	da	dha	na

pa	pha	ba	bha	ma

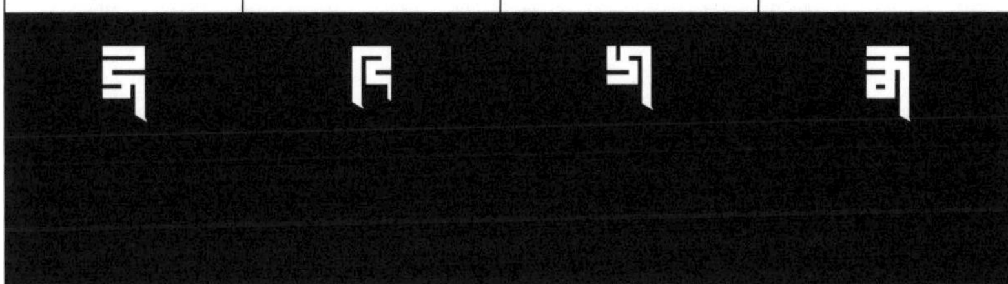

ya	ra	la	va

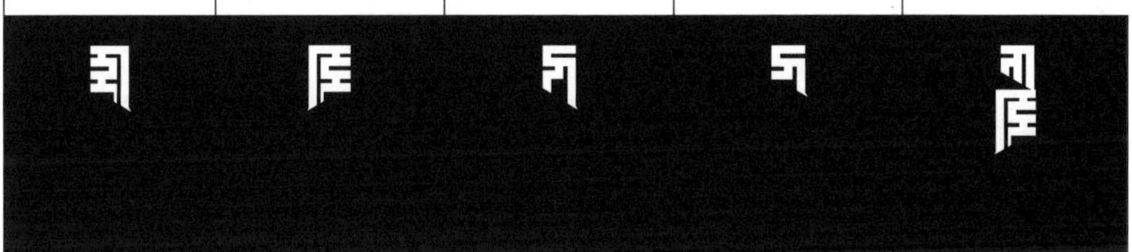

śa	ṣa	sa	ha	kṣa

12. Rañjanā 音韻十六字

a	ā	i	ī

u	ū	ṛ	ṝ

ḷ	ḹ	e	ai

o	au	aṃ	aḥ

Rañjanā 翻切三十四字

ka	kha	ga	gha	ṅa

ca	cha	ja	jha	ña

ṭa	ṭha	ḍa	ḍha	ṇa

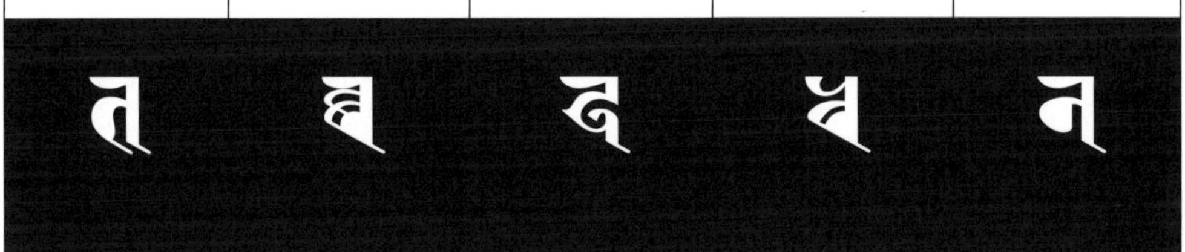

ta	tha	da	dha	na

pa	pha	ba	bha	ma

ya	ra	la	va

śa	ṣa	sa	ha	kṣa

13. Tocharian 音韻十六字

a	ā	i	ī

u	ū	ṛ	ṝ

ḷ	ḷ	e	ai

o	au	aṃ	aḥ

tocharian 翻切三十四字

ka	kha	ga	gha	ṅa

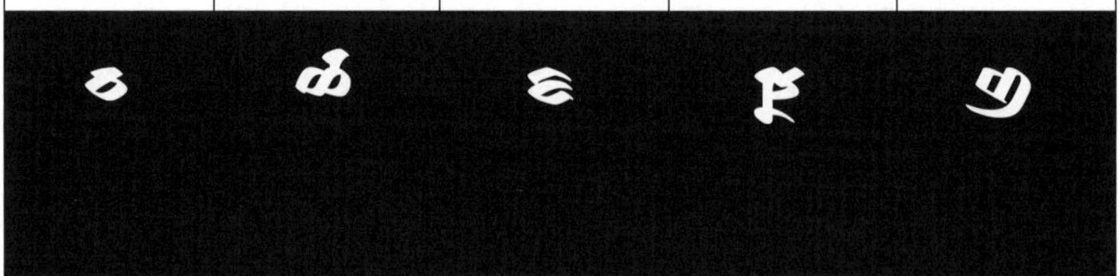

ca	cha	ja	jha	ña

ṭa	ṭha	ḍa	ḍha	ṇa

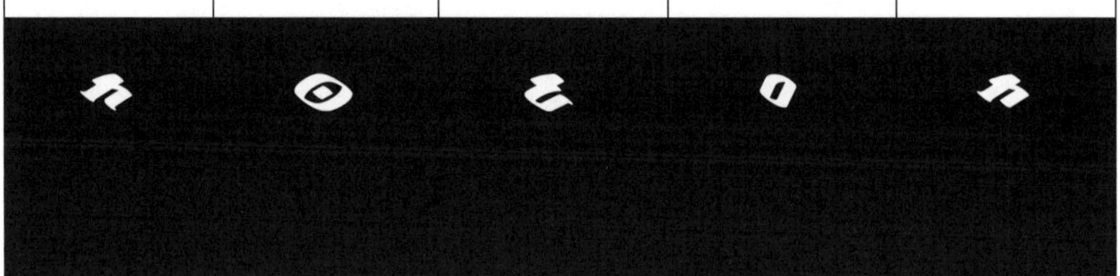

ta	tha	da	dha	na

pa	pha	ba	bha	ma

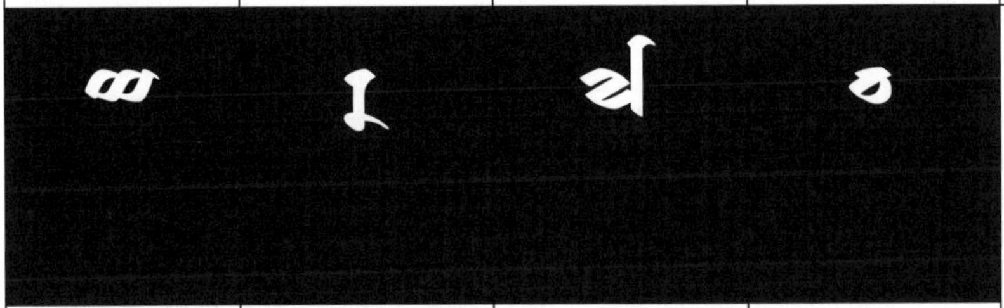

ya	ra	la	va

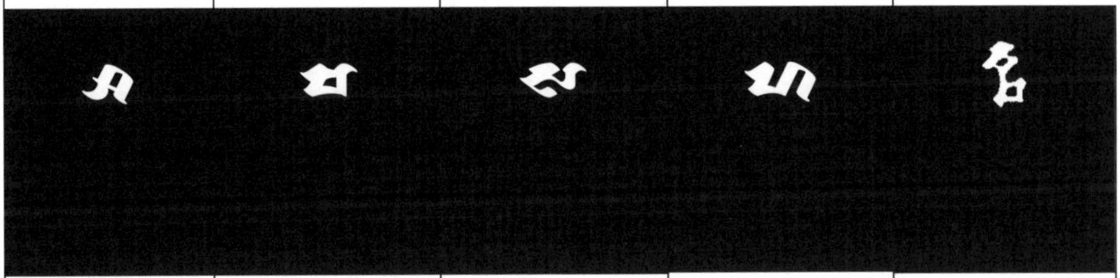

śa	ṣa	sa	ha	kṣa

14. Sharada 音韻十六字

𑆃	𑆄	𑆅	𑆆
a	ā	i	ī
𑆇	𑆈	𑆉	𑆊
u	ū	ṛ	ṝ
𑆋	𑆌	𑆍	𑆎
ḷ	ḷ	e	ai
𑆏	𑆐	𑆃𑆁	𑆃𑆂
o	au	aṃ	aḥ

Sharada 翻切三十四字

𑆑	𑆒	𑆓	𑆔	𑆕
ka	kha	ga	gha	ṅa
𑆖	𑆗	𑆘	𑆙	𑆚
ca	cha	ja	jha	ña
𑆛	𑆜	𑆝	𑆞	𑆟
ṭa	ṭha	ḍa	ḍha	ṇa
𑆠	𑆡	𑆢	𑆣	𑆤
ta	tha	da	dha	na

ਪ	ਫ	ਬ	ਭ	ਮ
pa	pha	ba	bha	ma

ਯ	ਰ	ਲ	ਵ
ya	ra	la	va

ਸ਼	ਖ	ਸ	ਹ	ਕ੍ਸ਼
śa	ṣa	sa	ha	kṣa

15. Kannada 音韻十六字

ಅ	ಆ	ಇ	ಈ
a	ā	i	ī
ಉ	ಊ	ಋ	ೠ
u	ū	ṛ	ṝ
ಌ	ೡ	ಏ	ಐ
ḷ	ḹ	e	ai
ಓ	ಔ	ಅಂ	ಅಃ
o	au	aṃ	aḥ

Kannada 翻切三十四字

ಕ	ಖ	ಗ	ಘ	ಙ
ka	kha	ga	gha	ṅa
ಚ	ಛ	ಜ	ಝ	ಞ
ca	cha	ja	jha	ña
ಟ	ಠ	ಡ	ಢ	ಣ
ṭa	ṭha	ḍa	ḍha	ṇa
ತ	ಥ	ದ	ಧ	ನ
ta	tha	da	dha	na

ಪ	ಫ	ಬ	ಭ	ಮ
pa	pha	ba	bha	ma
ಯ	ರ	ಲ	ವ	
ya	ra	la	va	
ಶ	ಷ	ಸ	ಹ	ಕ್ಷ
śa	ṣa	sa	ha	kṣa

16. Telugu 音韻十六字

అ	ఆ	ఇ	ఈ
a	ā	i	ī
ఉ	ఊ	ఋ	ౠ
u	ū	ṛ	ṝ
ఌ	ౡ	ఏ	ఐ
ḷ	ḷ	e	ai
ఓ	ఔ	అం	అః
o	au	aṃ	aḥ

Telugu 翻切三十四字

క	ఖ	గ	ఘ	ఙ
ka	kha	ga	gha	ṅa
చ	ఛ	జ	ఝ	ఞ
ca	cha	ja	jha	ña
ట	ఠ	డ	ఢ	ణ
ṭa	ṭha	ḍa	ḍha	ṇa
త	థ	ద	ధ	న
ta	tha	da	dha	na

ప	ఫ	బ	భ	మ
pa	pha	ba	bha	ma

య	ర	ల	వ
ya	ra	la	va

శ	ష	స	హ	క్ష
śa	ṣa	sa	ha	kṣa

17. Tamil 音韻十六字

அ	ஆ	இ	ஈ
a	ā	i	ī
உ	ஊ	𑌋	𑍠
u	ū	ṛ	ṝ
𑌌	𑍡	ஏ	ஐ
ḷ	ḹ	e	ai
ஓ	ஔ	அஂ	அஃ
o	au	aṃ	aḥ

Tamil 翻切三十四字

க	ഖ	ഗ	ഘ	ங
ka	kha	ga	gha	ṅa
ச	ഛ	ஜ	ഝ	ஞ
ca	cha	ja	jha	ña
ட	ഠ	ഡ	ഢ	ண
ṭa	ṭha	ḍa	ḍha	ṇa
த	ഥ	ദ	ധ	ந
ta	tha	da	dha	na

ப	ஃப	ப	ஹ	ம
pa	pha	ba	bha	ma

ய	ர	ல	வ
ya	ra	la	va

ஶ	ஷ	ஸ	ஹ	க்ஷ
śa	ṣa	sa	ha	kṣa

18. Sinhala 音韻十六字

අ	ආ	ඉ	ඊ
a	ā	i	ī
උ	ඌ	ඍ	ඎ
u	ū	ṛ	ṝ
ඏ	ඐ	ඒ	ඓ
ḷ	ḷ	e	ai
ඔ	ඖ	අං	අඃ
o	au	aṃ	aḥ

Sinhala 翻切三十四字

ක	ඛ	ග	ඝ	ඞ
ka	kha	ga	gha	ṅa
ච	ඡ	ජ	ඣ	ඤ
ca	cha	ja	jha	ña
ට	ඨ	ඩ	ඪ	ණ
ṭa	ṭha	ḍa	ḍha	ṇa
ත	ථ	ද	ධ	න
ta	tha	da	dha	na

ප	ඵ	බ	භ	ම
pa	pha	ba	bha	ma

ය	ර	ල	ව
ya	ra	la	va

ශ	ෂ	ස	හ	ක්ෂ
śa	ṣa	sa	ha	kṣa

19. Burmese 音韻十六字

အ	အာ	ဣ	ဤ
a	ā	i	ī
ဥ	ဦ	ၒ	ၓ
u	ū	ṛ	ṝ
ၔ	ၕ	ဧ	အဲ
ḷ	ḷ	e	ai
ဩ	ဪ	အံ	အး
o	au	aṃ	aḥ

Burmese 翻切三十四字

က	ခ	ဂ	ဃ	င
ka	kha	ga	gha	ṅa
စ	ဆ	ဇ	ဈ	ဉ
ca	cha	ja	jha	ña
ဋ	ဌ	ဍ	ဎ	ဏ
ṭa	ṭha	ḍa	ḍha	ṇa
တ	ထ	ဒ	ဓ	န
ta	tha	da	dha	na

ပ	ဖ	ဗ	ဘ	မ
pa	pha	ba	bha	ma

ယ	ရ	လ	ဝ
ya	ra	la	va

ၐ	ၑ	သ	ဟ	က္ၑ
śa	ṣa	sa	ha	kṣa

20. Bengali 音韻十六字

অ	আ	ই	ঈ
a	ā	i	ī
উ	ঊ	ঋ	ৠ
u	ū	ṛ	ṝ
ঌ	ৡ	এ	ঐ
ḷ	ḹ	e	ai
ও	ঔ	অং	অঃ
o	au	aṃ	aḥ

Bengali 翻切三十四字

ক	খ	গ	ঘ	ঙ
ka	kha	ga	gha	ṅa
চ	ছ	জ	ঝ	ঞ
ca	cha	ja	jha	ña
ট	ঠ	ড	ঢ	ণ
ṭa	ṭha	ḍa	ḍha	ṇa
ত	থ	দ	ধ	ন
ta	tha	da	dha	na

প	ফ	ব	ভ	ম
pa	pha	ba	bha	ma
য	র	ল	ড়	
ya	ra	la	va	
শ	ষ	স	হ	ক্ষ
śa	ṣa	sa	ha	kṣa

21. Khmer 音韻十六字

អ	អា	ឥ	ឦ
a	ā	i	ī
ឧ	ឩ	ឫ	ឬ
u	ū	ṛ	ṝ
ឭ	ឮ	ឯ	ឰ
ḷ	ḹ	e	ai
ឱ	ឳ	អំ	អះ
o	au	aṃ	aḥ

Khmer 翻切三十四字

ក	ខ	គ	ឃ	ង
ka	kha	ga	gha	ṅa
ច	ឆ	ជ	ឈ	ញ
ca	cha	ja	jha	ña
ដ	ឋ	ឌ	ឍ	ណ
ṭa	ṭha	ḍa	ḍha	ṇa
ត	ថ	ទ	ធ	ន
ta	tha	da	dha	na

ប	ផ	ព	ភ	ម
pa	pha	ba	bha	ma
យ	រ	ល	វ	
ya	ra	la	va	
ឝ	ឞ	ស	ហ	ក្ស
śa	ṣa	sa	ha	kṣa

22. Malayalam 音韻十六字

അ	ആ	ഇ	ഈ
a	ā	i	ī
ഉ	ഊ	ഋ	ൠ
u	ū	ṛ	ṝ
ഌ	ൡ	ഏ	ഐ
ḷ	ḷ	e	ai
ഓ	ഔ	അം	അഃ
o	au	aṃ	aḥ

Malayalam 翻切三十四字

ക	ഖ	ഗ	ഘ	ങ
ka	kha	ga	gha	ṅa
ച	ഛ	ജ	ഝ	ഞ
ca	cha	ja	jha	ña
ട	ഠ	ഡ	ഢ	ണ
ṭa	ṭha	ḍa	ḍha	ṇa
ത	ഥ	ദ	ധ	ന
ta	tha	da	dha	na

പ	ഫ	ബ	ഭ	മ
pa	pha	ba	bha	ma
യ	ര	ല	വ	
ya	ra	la	va	
ശ	ഷ	സ	ഹ	ക്ഷ
śa	ṣa	sa	ha	kṣa

23. Gujarati 音韻十六字

અ	આ	ઇ	ઈ
a	ā	i	ī
ઉ	ઊ	ઋ	ૠ
u	ū	ṛ	ṝ
ઌ	ૡ	એ	ઐ
ḷ	ḹ	e	ai
ઓ	ઔ	અં	અઃ
o	au	aṃ	aḥ

Gujarati 翻切三十四字

ક	ખ	ગ	ઘ	ઙ
ka	kha	ga	gha	ṅa
ચ	છ	જ	ઝ	ઞ
ca	cha	ja	jha	ña
ટ	ઠ	ડ	ઢ	ણ
ṭa	ṭha	ḍa	ḍha	ṇa
ત	થ	દ	ધ	ન
ta	tha	da	dha	na

પ	ફ	બ	ભ	મ
pa	pha	ba	bha	ma
ય	ર	લ	વ	
ya	ra	la	va	
શ	ષ	સ	હ	ક્ષ
śa	ṣa	sa	ha	kṣa

24. Thai 音韻十六字

อ	อา	อิ	อี
a	ā	i	ī
อุ	อู	ฤ	ฤๅ
u	ū	ṛ	ṝ
ฦ	ฦๅ	เอ	ไอ
ḷ	ḷ	e	ai
โอ	เอา	อํ	อห์
o	au	aṃ	aḥ

Thai 翻切三十四字

ก	ข	ค	ฆ	ง
ka	kha	ga	gha	ṅa
จ	ฉ	ช	ฌ	ญ
ca	cha	ja	jha	ña
ฎ	ฐ	ฑ	ฒ	ณ
ṭa	ṭha	ḍa	ḍha	ṇa
ต	ถ	ท	ธ	น
ta	tha	da	dha	na

ป	ผ	พ	ภ	ม
pa	pha	ba	bha	ma
ย	ร	ล	ว	
ya	ra	la	va	
ศ	ษ	ส	ห	กฺษ
śa	ṣa	sa	ha	kṣa

25. Lao 音韻十六字

ອ	ອາ	ອິ	ອີ
a	ā	i	ī
ອຸ	ອູ	ຣຸ	ຣູ
u	ū	ṛ	ṝ
ລຸ	ລູ	ເອ	ໄອ
ḷ	ḷ	e	ai
ໂອ	ເອົາ	ອໍ	ອຫ໌
o	au	aṃ	aḥ

Lao 翻切三十四字

ກ	ຂ	ຄ	ຆ	ງ
ka	kha	ga	gha	ṅa
ຈ	ຉ	ຊ	ຌ	ຎ
ca	cha	ja	jha	ña
ຏ	ຐ	ຑ	ຒ	ຓ
ṭa	ṭha	ḍa	ḍha	ṇa
ຕ	ຖຘ	ທ	ຘ	ນ
ta	tha	da	dha	na

ປ	ຜ	ພ	ຠ	ມ
pa	pha	ba	bha	ma
ຍ	ຣ	ລ	ວ	
ya	ra	la	va	
ຨ	ຩ	ສ	ຫ	ກ຺ຩ
śa	ṣa	sa	ha	kṣa

26. Shahmukhi 音韻十六字

اَ	آ	اِ	اِی
a	ā	i	ī
اُ	اُو	رِ	رِی
u	ū	ṛ	ṝ
لِ	لِی	اے	اَے
ḷ	ḷ	e	ai
او	اَو	اَں	اَہ
o	au	aṃ	aḥ

Shahmukhi 翻切三十四字

کَ	کھَ	گَ	گھَ	نَ
ka	kha	ga	gha	ṅa
چَ	چھَ	جَ	جھَ	نَ
ca	cha	ja	jha	ña
ٹَ	ٹھَ	ڈَ	ڈھَ	ݨَ
ṭa	ṭha	ḍa	ḍha	ṇa
تَ	تھَ	دَ	دھَ	نَ
ta	tha	da	dha	na

پَ	پھَ	بَ	بھَ	مَ
pa	pha	ba	bha	ma

یَ	رَ	لَ	وَ
ya	ra	la	va

شَ	شَ	سَ	ہَ	کْشَ
śa	ṣa	sa	ha	kṣa

27. Oriya 音韻十六字

ଅ	ଆ	ଇ	ଈ
a	ā	i	ī
ଉ	ଊ	ଋ	ୠ
u	ū	ṛ	ṝ
ଌ	ୡ	ଏ	ଐ
ḷ	ḷ	e	ai
ଓ	ଔ	ଅଂ	ଅଃ
o	au	aṃ	aḥ

Oriya 翻切三十四字

କ	ଖ	ଗ	ଘ	ଙ
ka	kha	ga	gha	ṅa
ଚ	ଛ	ଜ	ଝ	ଞ
ca	cha	ja	jha	ña
ଟ	ଠ	ଡ	ଢ	ଣ
ṭa	ṭha	ḍa	ḍha	ṇa
ତ	ଥ	ଦ	ଧ	ନ
ta	tha	da	dha	na

ପ	ଫ	ବ	ଭ	ମ
pa	pha	ba	bha	ma

ଯ	ର	ଲ	ୱ
ya	ra	la	va

ଶ	ଷ	ସ	ହ	କ୍ଷ
śa	ṣa	sa	ha	kṣa

28. Brahmi 音韻十六字

𑀅	𑀆	𑀇	𑀈
a	ā	i	ī
𑀉	𑀊	𑀋	𑀌
u	ū	ṛ	ṝ
𑀍	𑀎	𑀏	𑀐
ḷ	ḹ	e	ai
𑀑	𑀒	𑀅𑀁	𑀅𑀂
o	au	aṃ	aḥ

Brahmi 翻切三十四字

𑀓	𑀔	𑀕	𑀖	𑀗
ka	kha	ga	gha	ṅa
𑀘	𑀙	𑀚	𑀛	𑀜
ca	cha	ja	jha	ña
𑀝	𑀞	𑀟	𑀠	𑀡
ṭa	ṭha	ḍa	ḍha	ṇa
𑀢	𑀣	𑀤	𑀥	𑀦
ta	tha	da	dha	na

pa	pha	ba	bha	ma

ya	ra	la	va

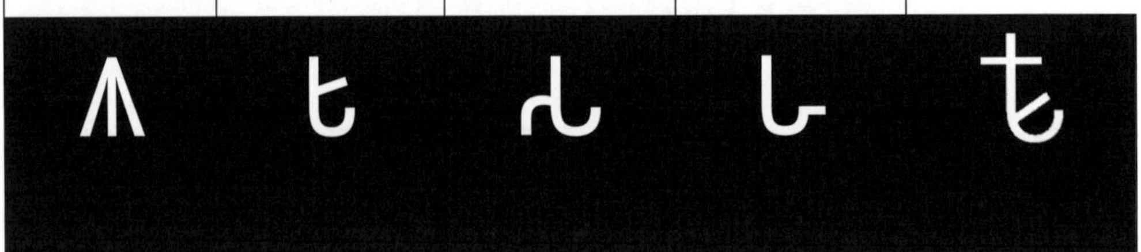

śa	ṣa	sa	ha	kṣa

29. Gurmukhi 音韻十六字

ਅ	ਆ	ਇ	ਈ
a	ā	i	ī
ਉ	ਊ	ਰੁ’	ਰੂ’
u	ū	ṛ	ṝ
ਲੁ	ਲੂ’	ਏ	ਐ
ḷ	ḹ	e	ai
ਓ	ਔ	ਅਂ	ਅਃ
o	au	aṃ	aḥ

Gurmukhi 翻切三十四字

ਕ	ਖ	ਗ	ਘ	ਙ
ka	kha	ga	gha	ṅa
ਚ	ਛ	ਜ	ਝ	ਞ
ca	cha	ja	jha	ña
ਟ	ਠ	ਡ	ਢ	ਣ
ṭa	ṭha	ḍa	ḍha	ṇa
ਤ	ਥ	ਦ	ਧ	ਨ
ta	tha	da	dha	na

ਪ	ਫ	ਬ	ਭ	ਮ
pa	pha	ba	bha	ma

ਯ	ਰ	ਲ	ਵ
ya	ra	la	va

ਸ਼	ਸ਼਼	ਸ	ਹ	ਕ੍ਸ਼
śa	ṣa	sa	ha	kṣa

30. Meitei mayek 音韻十六字

a	ā	i	ī

u	ū	ṛ	ṝ
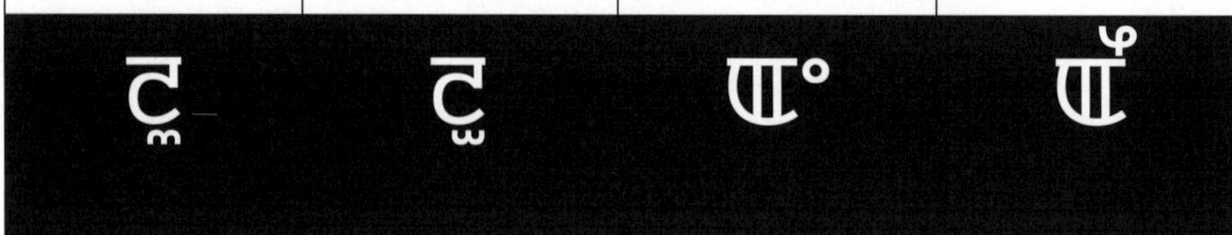			
ḷ	ḹ	e	ai
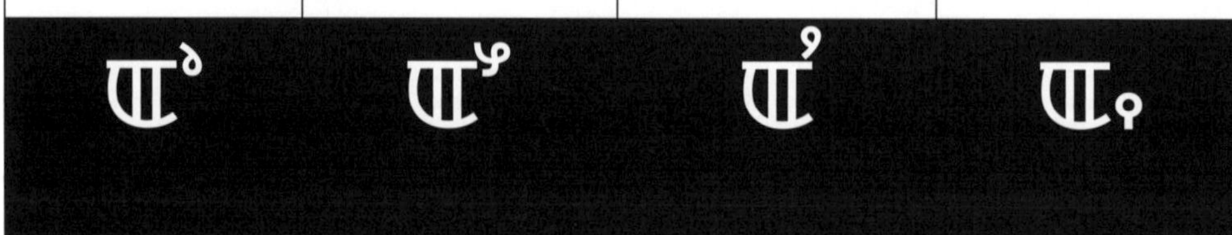			
o	au	aṃ	aḥ

Meitei mayek 翻切三十四字

ꯀ	ꯈ	ꯒ	ꯘ	ꯉ
ka	kha	ga	gha	ṅa
ꯆ	ꫢ	ꯖ	ꯓ	ꫣ
ca	cha	ja	jha	ña
ꫤ	ꫥ	ꫦ	ꫧ	ꫨ
ṭa	ṭha	ḍa	ḍha	ṇa
ꯇ	ꯊ	ꯗ	ꯙ	ꯅ
ta	tha	da	dha	na

pa	pha	ba	bha	ma

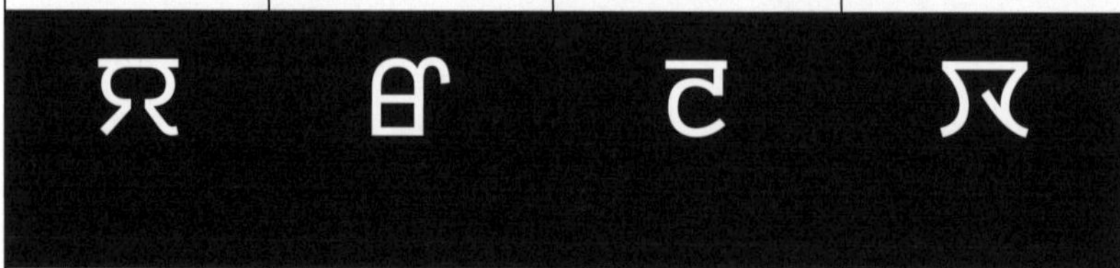

ya	ra	la	va

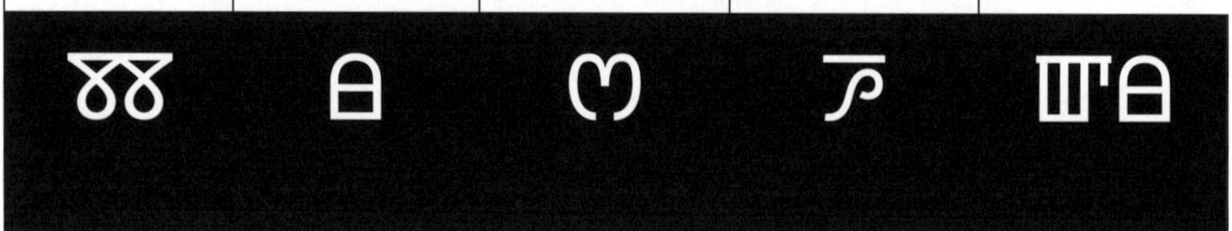

śa	ṣa	sa	ha	kṣa

31. Lepcha 音韻十六字

a	ā	i	ī

u	ū	ṛ	ṝ

ḷ	ḹ	e	ai

o	au	aṃ	aḥ

Lepcha 翻切三十四字

ka	kha	ga	gha	ṅa
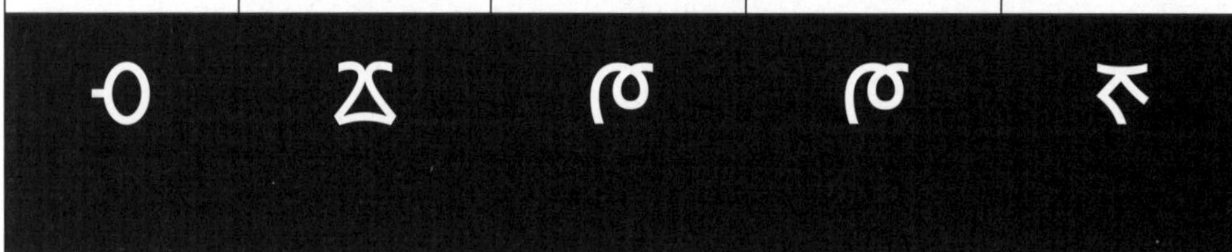				
ca	cha	ja	jha	ña

ṭa	ṭha	ḍa	ḍha	ṇa
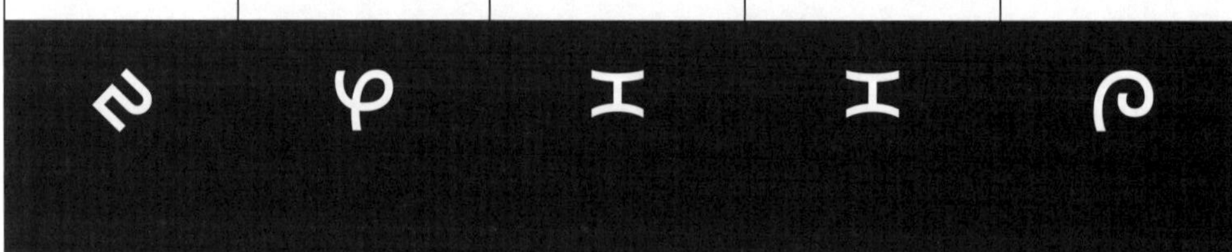				
ta	tha	da	dha	na

pa	pha	ba	bha	ma

ya	ra	la	va

śa	ṣa	sa	ha	kṣa

32. Limbu 音韻十六字

a	ā	i	ī

u	ū	ṛ	ṝ

ḷ	ḷ	e	ai

o	au	aṃ	aḥ

Limbu 翻切三十四字

ka	kha	ga	gha	ṅa

ca	cha	ja	jha	ña

ṭa	ṭha	ḍa	ḍha	ṇa

ta	tha	da	dha	na

pa	pha	ba	bha	ma

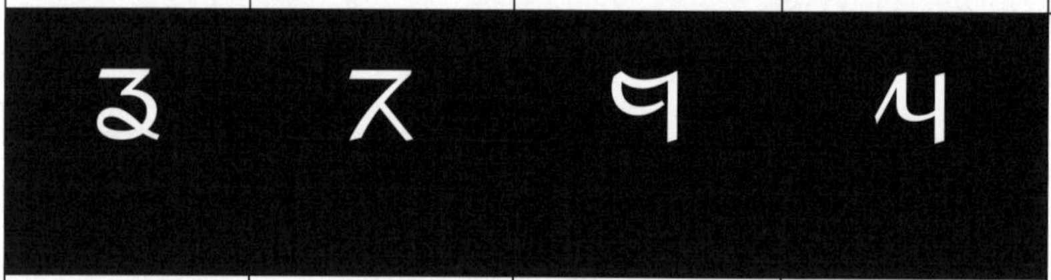

ya	ra	la	va

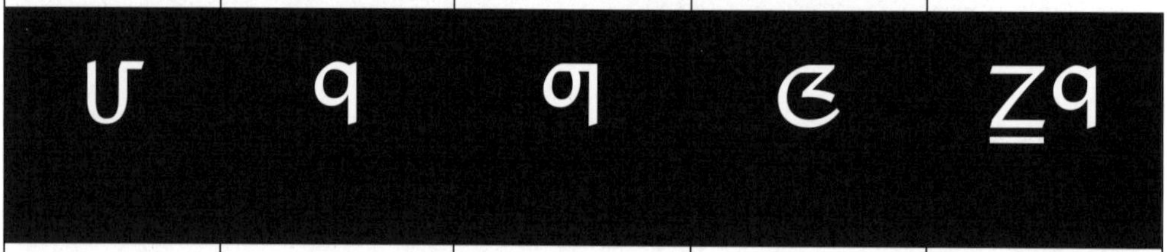

śa	ṣa	sa	ha	kṣa

33. Grantha 音韻十六字

𑌅	𑌆	𑌇	𑌈
a	ā	i	ī
𑌉	𑌊	𑌋	𑍠
u	ū	ṛ	ṝ
𑌌	𑍡	𑌏	𑌐
ḷ	ḹ	e	ai
𑌓	𑌔	𑌅𑌂	𑌅𑌃
o	au	aṃ	aḥ

Grantha 翻切三十四字

ക	ഖ	ഗ	ഘ	ങ
ka	kha	ga	gha	ṅa
ച	ഛ	ജ	ഝ	ഞ
ca	cha	ja	jha	ña
ട	ഠ	ഡ	ഢ	ണ
ṭa	ṭha	ḍa	ḍha	ṇa
ത	ഥ	ദ	ധ	ന
ta	tha	da	dha	na

𑌪	𑌫	𑌬	𑌭	𑌮
pa	pha	ba	bha	ma
𑌯	𑌰	𑌲	𑌵	
ya	ra	la	va	
𑌶	𑌷	𑌸	𑌹	𑌕𑍍𑌷
śa	ṣa	sa	ha	kṣa

34. Pandya 音韻十六字

a	ā	i	ī
			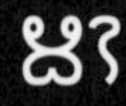
u	ū	ṛ	ṝ

ḷ	ḹ	e	ai
	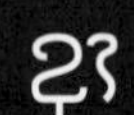		
o	au	aṃ	aḥ

Pandya 翻切三十四字

ka	kha	ga	gha	ṅa

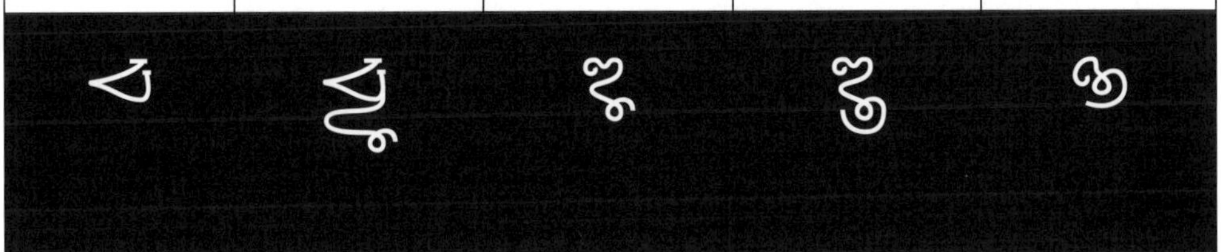

ca	cha	ja	jha	ña

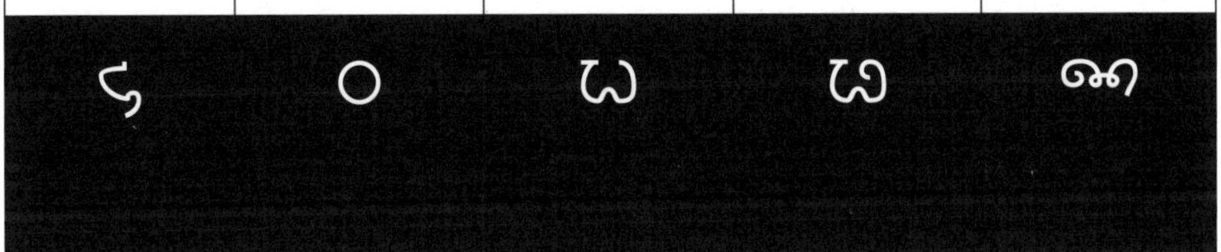

ṭa	ṭha	ḍa	ḍha	ṇa

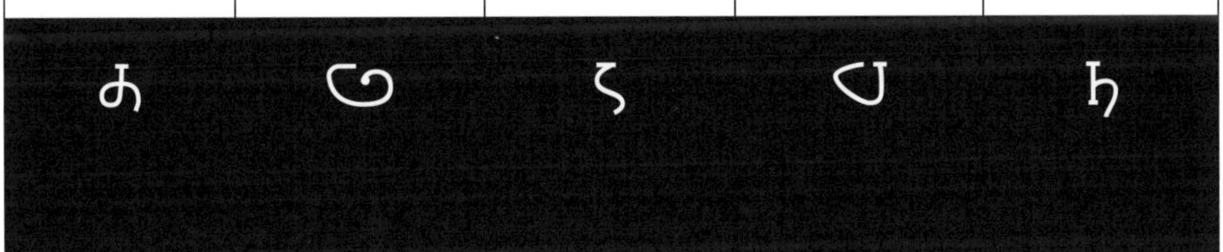

ta	tha	da	dha	na

pa	pha	ba	bha	ma

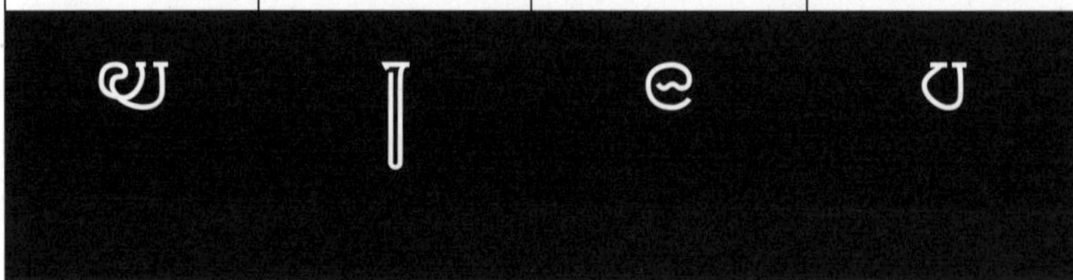

ya	ra	la	va

śa	ṣa	sa	ha	kṣa

35. Vatteluttu 音韻十六字

a	ā	i	ī

u	ū	ṛ	ṝ

ḷ	ḹ	e	ai

o	au	aṃ	aḥ

Vatteluttu 翻切三十四字

ka	kha	ga	gha	ṅa

ca	cha	ja	jha	ña

ṭa	ṭha	ḍa	ḍha	ṇa

ta	tha	da	dha	na

pa	pha	ba	bha	ma

ya	ra	la	va

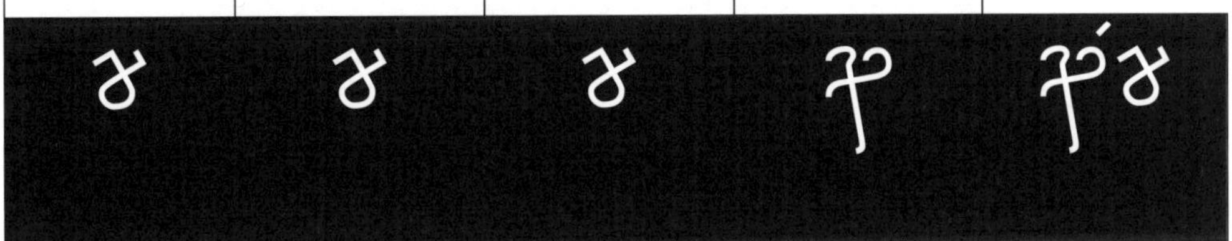

śa	ṣa	sa	ha	kṣa

36. Chakma 音韻十六字

𑄃𑄧	𑄃	𑄃𑄨	𑄃𑄩
a	ā	i	ī
𑄃𑄪	𑄃𑄫	𑄢𑄨	𑄢𑄩
u	ū	ṛ	ṝ
𑄣𑄨	𑄣𑄩	𑄃𑄬	𑄃𑄰
ḷ	ḹ	e	ai
𑄃𑄮	𑄃𑄯	𑄃𑄧𑄁	𑄃𑄧𑄂
o	au	aṃ	aḥ

Chakma 翻切三十四字

𑄇	𑄈	𑄉	𑄊	𑄋
ka	kha	ga	gha	ṅa
𑄌	𑄍	𑄎	𑄏	𑄐
ca	cha	ja	jha	ña
𑄑	𑄒	𑄓	𑄔	𑄕
ṭa	ṭha	ḍa	ḍha	ṇa
𑄖	𑄗	𑄘	𑄙	𑄚
ta	tha	da	dha	na

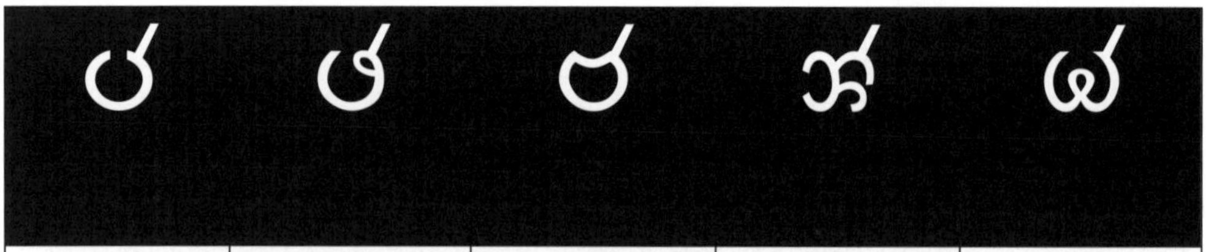

pa	pha	ba	bha	ma

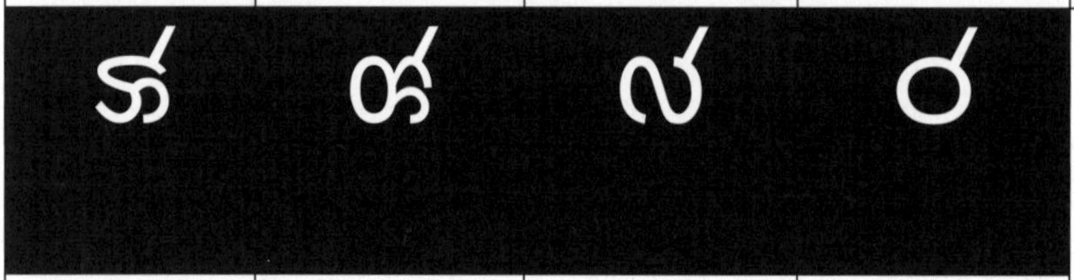

ya	ra	la	va

śa	ṣa	sa	ha	kṣa

37. Cham 音韻十六字

		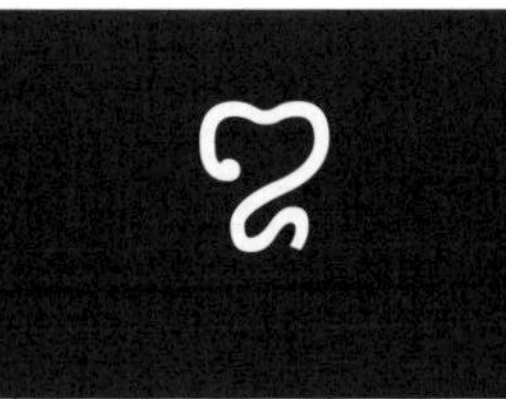	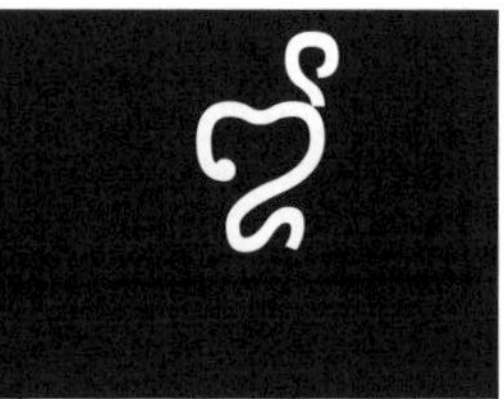
a	ā	i	ī

u	ū	ṛ	ṝ
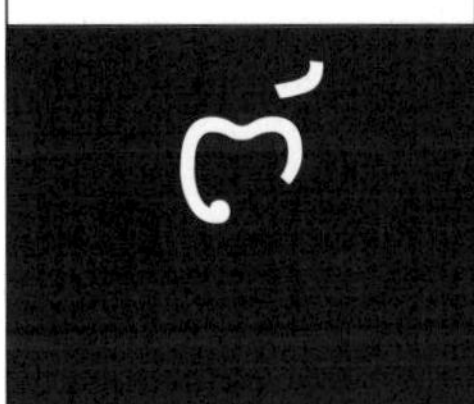	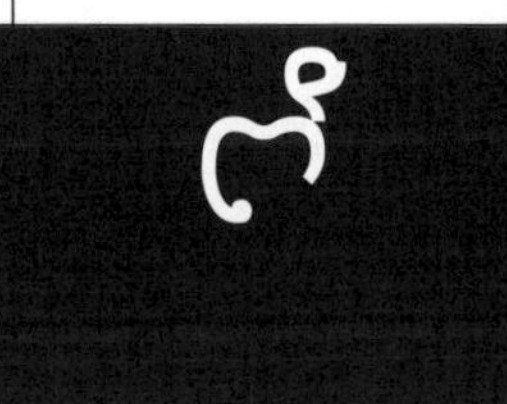		
ḷ	ḹ	e	ai
	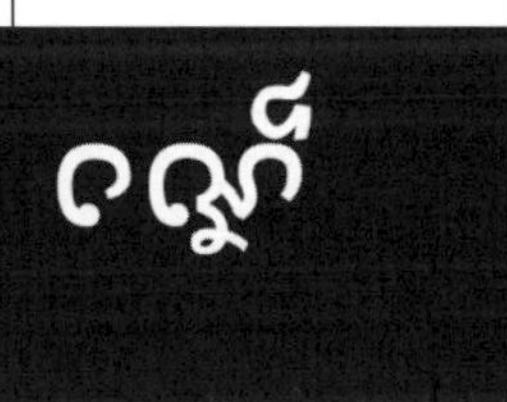		
o	au	aṃ	aḥ

Cham 翻切三十四字

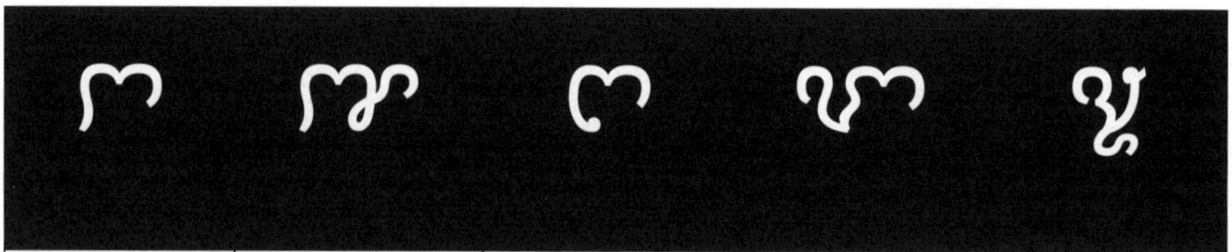

ka	kha	ga	gha	ṅa

ca	cha	ja	jha	ña

ṭa	ṭha	ḍa	ḍha	ṇa

ta	tha	da	dha	na

pa	pha	ba	bha	ma

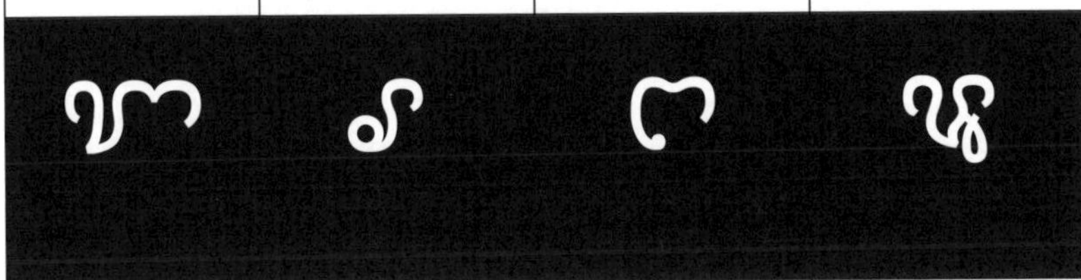

ya	ra	la	va

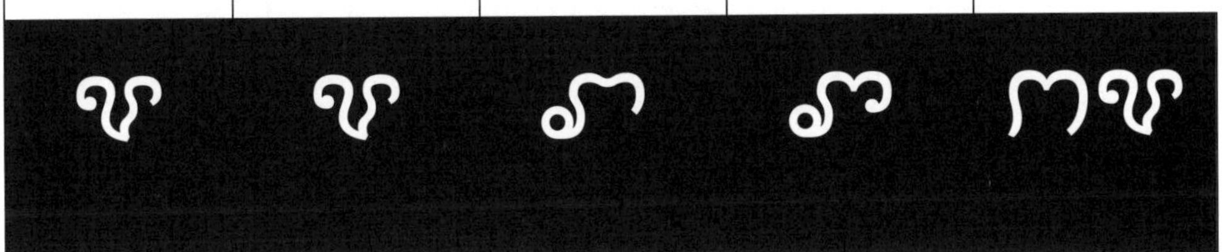

śa	ṣa	sa	ha	kṣa

38. Javanese 音韻十六字

ꦄ	ꦄꦴ	ꦆ	ꦇ
a	ā	i	ī
ꦈ	ꦈꦴ	ꦉ	ꦉꦴ
u	ū	ṛ	ṝ
ꦊ	ꦋ	ꦌ	ꦍ
ḷ	ḹ	e	ai
ꦎ	ꦎꦴ	ꦄꦁ	ꦄꦃ
o	au	aṃ	aḥ

Javanese 翻切三十四字

ka	kha	ga	gha	ṅa

ca	cha	ja	jha	ña

ṭa	ṭha	ḍa	ḍha	ṇa

ta	tha	da	dha	na

ꦥ	ꦦ	ꦧ	ꦨ	ꦩ
pa	pha	ba	bha	ma
ꦪ	ꦫ	ꦭ	ꦮ	
ya	ra	la	va	
ꦯ	ꦰ	ꦱ	ꦲ	ꦏ꧀ꦰ
śa	ṣa	sa	ha	kṣa

39. Balinese 音韻十六字

ᬅ	ᬆ	ᬇ	ᬈ
a	ā	i	ī
ᬉ	ᬊ	ᬋ	ᬌ
u	ū	ṛ	ṝ
ᬍ	ᬎ	ᬏ	ᬐ
ḷ	ḷ	e	ai
ᬑ	ᬒ	ᬅᬂ	ᬅᬄ
o	au	aṃ	aḥ

Balinese 翻切三十四字

ᬓ	ᬔ	ᬕ	ᬖ	ᬗ
ka	kha	ga	gha	ṅa
ᬘ	ᬙ	ᬚ	ᬛ	ᬜ
ca	cha	ja	jha	ña
ᬝ	ᬞ	ᬟ	ᬠ	ᬡ
ṭa	ṭha	ḍa	ḍha	ṇa
ᬢ	ᬣ	ᬤ	ᬥ	ᬦ
ta	tha	da	dha	na

ᬧ	ᬨ	ᬩ	ᬪ	ᬫ
pa	pha	ba	bha	ma
ᬬ	ᬭ	ᬮ	ᬯ	
ya	ra	la	va	
ᬰ	ᬱ	ᬲ	ᬳ	ᬓ᭄ᬱ
śa	ṣa	sa	ha	kṣa

40. Bhaiksuki 音韻十六字

𑰀	𑰁	𑰂	𑰃
a	ā	i	ī
𑰄	𑰅	𑰆	𑰇
u	ū	ṛ	ṝ
𑰈	𑰈	𑰊	𑰋
ḷ	ḷ	e	ai
𑰌	𑰍	𑰀𑰽	𑰀𑰾
o	au	aṃ	aḥ

Bhaiksuki 翻切三十四字

𑰎	𑰏	𑰐	𑰑	𑰒
ka	kha	ga	gha	ṅa
𑰓	𑰔	𑰕	𑰖	𑰗
ca	cha	ja	jha	ña
𑰘	𑰙	𑰚	𑰛	𑰜
ṭa	ṭha	ḍa	ḍha	ṇa
𑰝	𑰞	𑰟	𑰠	𑰡
ta	tha	da	dha	na

pa	pha	ba	bha	ma

ya	ra	la	va

śa	ṣa	sa	ha	kṣa

41. Phags-pa 音韻十六字

a	ā	i	ī

u	ū	ṛ	ṝ

ḷ	ḹ	e	ai

o	au	aṃ	aḥ

Phags-pa 翻切三十四字

ka	kha	ga	gha	ṅa

ca	cha	ja	jha	ña

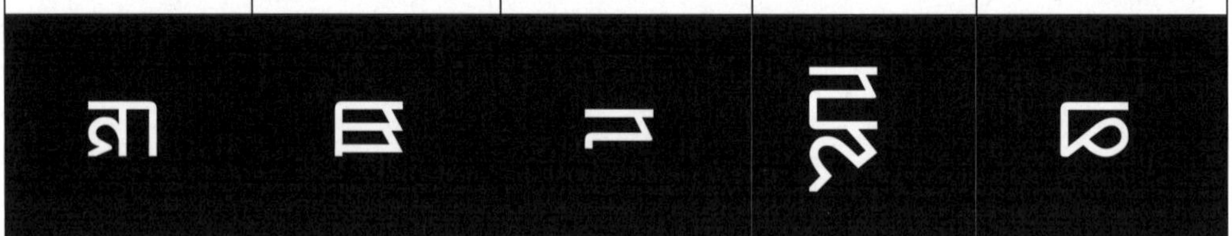

ṭa	ṭha	ḍa	ḍha	ṇa

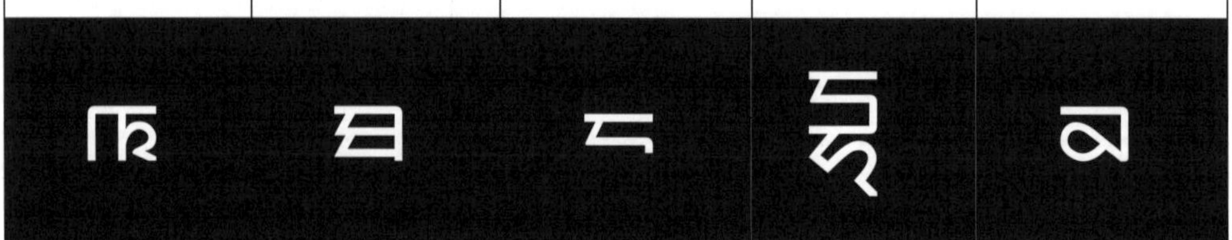

ta	tha	da	dha	na

pa	pha	ba	bha	ma

ya	ra	la	va

śa	ṣa	sa	ha	kṣa

42. Zanabazar 音韻十六字

a	ā	i	ī

u	ū	ṛ	ṝ

ḷ	ḹ	e	ai

o	au	aṃ	aḥ

Zanabazar 翻切三十四字

𑨋	𑨌	𑨍	𑨎	𑨏
ka	kha	ga	gha	ṅa
𑨐	𑨑	𑨒	𑨓	𑨔
ca	cha	ja	jha	ña
𑨕	𑨖	𑨗	𑨘	𑨙
ṭa	ṭha	ḍa	ḍha	ṇa
𑨚	𑨛	𑨜	𑨝	𑨞
ta	tha	da	dha	na

pa	pha	ba	bha	ma

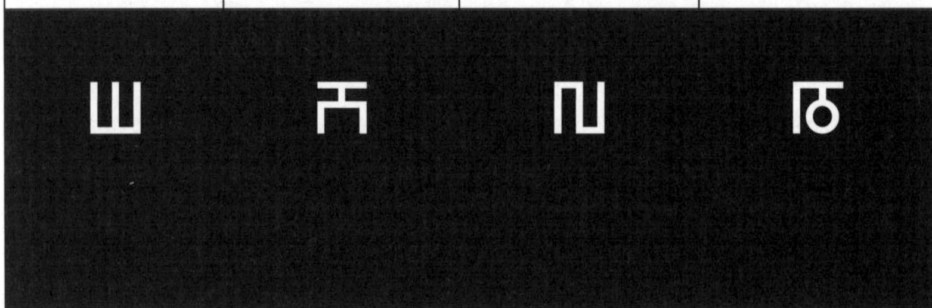

ya	ra	la	va

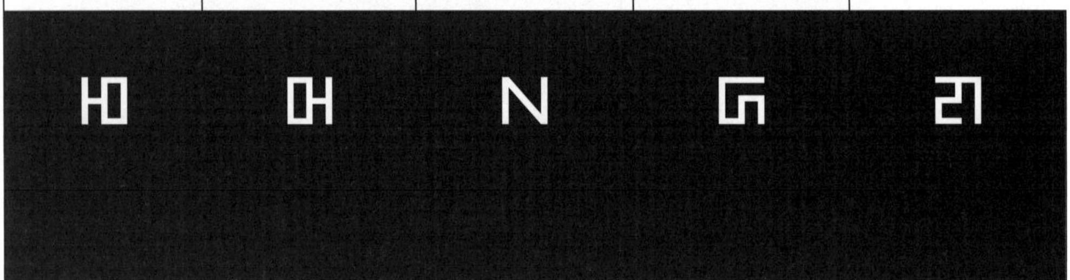

śa	ṣa	sa	ha	kṣa

43. Soyombo 音韻十六字

a	ā	i	ī

u	ū	ṛ	ṝ

ḷ	ḹ	e	ai

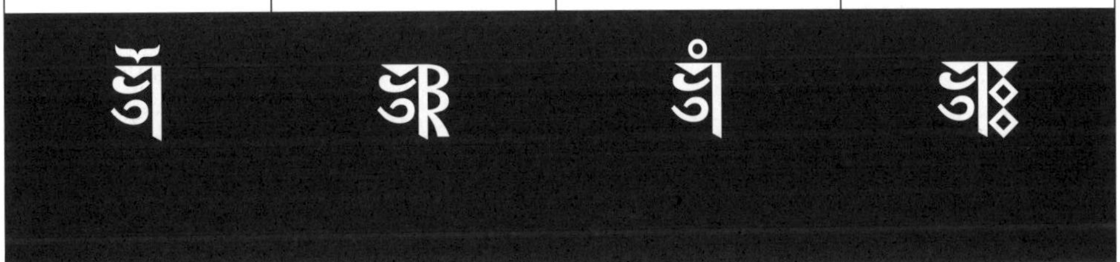

o	au	aṃ	aḥ

Soyombo 翻切三十四字

𑩜	𑩝	𑩞	𑩟	𑩠
ka	kha	ga	gha	ṅa
𑩡	𑩢	𑩣	𑩤	𑩥
ca	cha	ja	jha	ña
𑩦	𑩧	𑩨	𑩩	𑩪
ṭa	ṭha	ḍa	ḍha	ṇa
𑩫	𑩬	𑩭	𑩮	𑩯
ta	tha	da	dha	na

pa	pha	ba	bha	ma

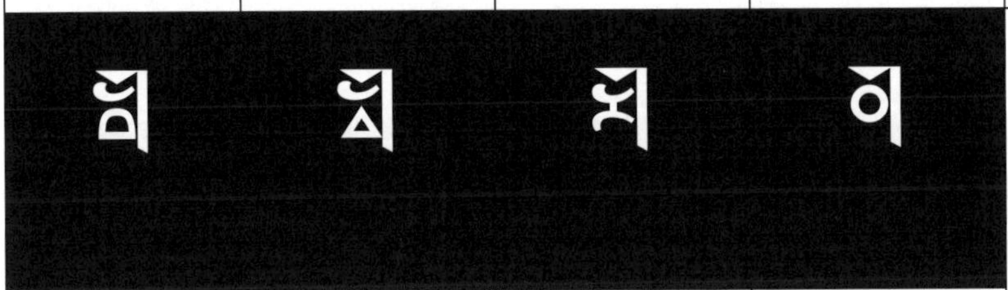

ya	ra	la	va

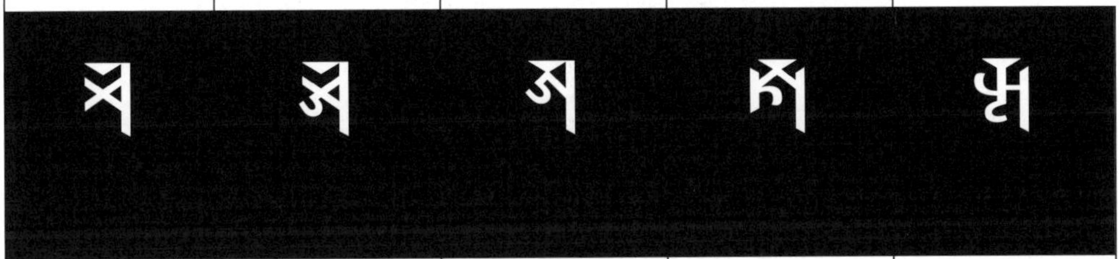

śa	ṣa	sa	ha	kṣa

44. Kharosthi 音韻十六字

a	ā	i	ī

u	ū	ṛ	ṝ

ḷ	ḹ	e	ai

o	au	aṃ	aḥ

Kharosthi 翻切三十四字

ka	kha	ga	gha	ṅa

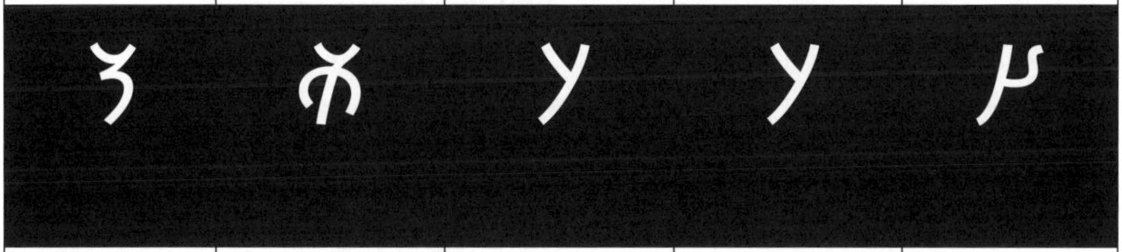

ca	cha	ja	jha	ña

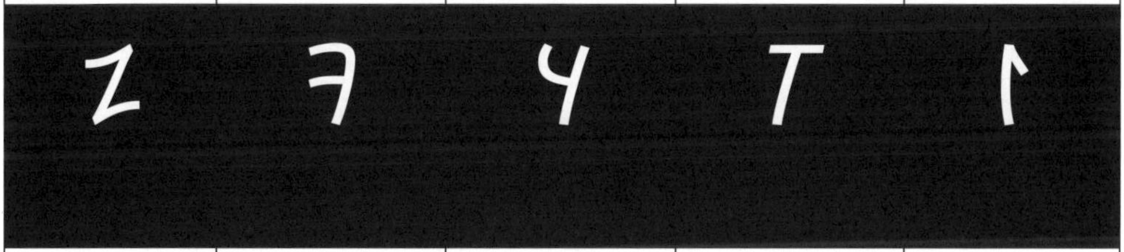

ṭa	ṭha	ḍa	ḍha	ṇa

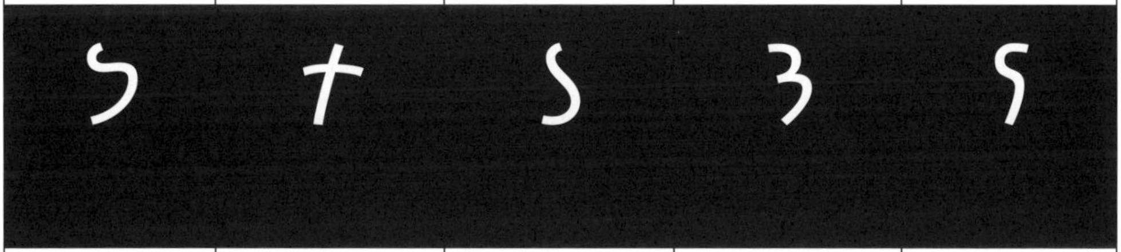

ta	tha	da	dha	na

pa	pha	ba	bha	ma

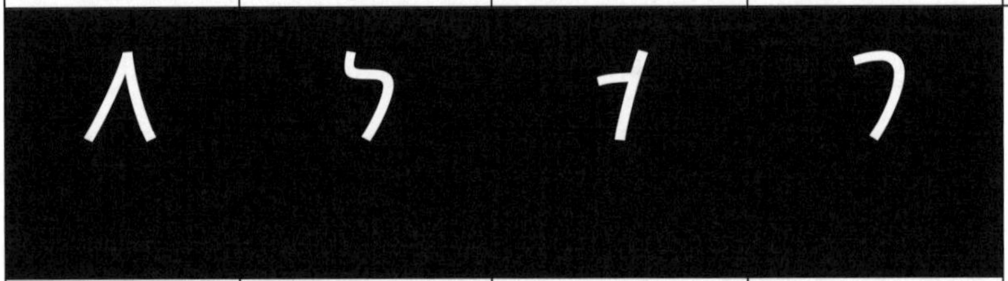

ya	ra	la	va

śa	ṣa	sa	ha	kṣa

45. Kaithi 音韻十六字

a	ā	i	ī
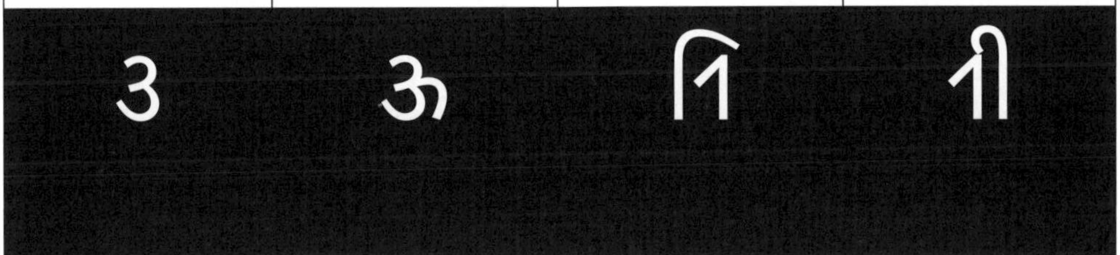			
u	ū	ṛ	ṝ

ḷ	ḹ	e	ai
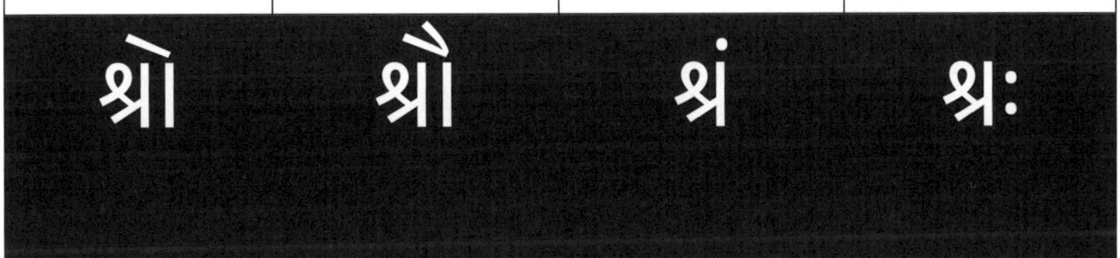			
o	au	aṃ	aḥ

Kaithi 翻切三十四字

𑂍	𑂎	𑂏	𑂐	𑂑
ka	kha	ga	gha	ṅa
𑂒	𑂓	𑂔	𑂕	𑂖
ca	cha	ja	jha	ña
𑂗	𑂘	𑂙	𑂛	𑂝
ṭa	ṭha	ḍa	ḍha	ṇa
𑂞	𑂟	𑂠	𑂡	𑂢
ta	tha	da	dha	na

પ	ફ	બ	ભ	મ
pa	pha	ba	bha	ma
ય	ર	લ	વ	
ya	ra	la	va	
શ	ષ	સ	હ	ક્ષ
śa	ṣa	sa	ha	kṣa

46. Saurashtra 音韻十六字

ꢂ	ꢃ	ꢄ	ꢅ
a	ā	i	ī
ꢆ	ꢇ	ꢈ	ꢉ
u	ū	ṛ	ṝ
ꢊ	ꢋ	ꢍ	ꢎ
ḷ	ḷ	e	ai
ꢐ	ꢑ	ꢂꢀ	ꢂꢁ
o	au	aṃ	aḥ

Saurashtra 翻切三十四字

ꢒ	ꢓ	ꢔ	ꢕ	ꢖ
ka	kha	ga	gha	ṅa
ꢗ	ꢘ	ꢙ	ꢚ	ꢛ
ca	cha	ja	jha	ña
ꢜ	ꢝ	ꢞ	ꢟ	ꢠ
ṭa	ṭha	ḍa	ḍha	ṇa
ꢡ	ꢢ	ꢣ	ꢤ	ꢥ
ta	tha	da	dha	na

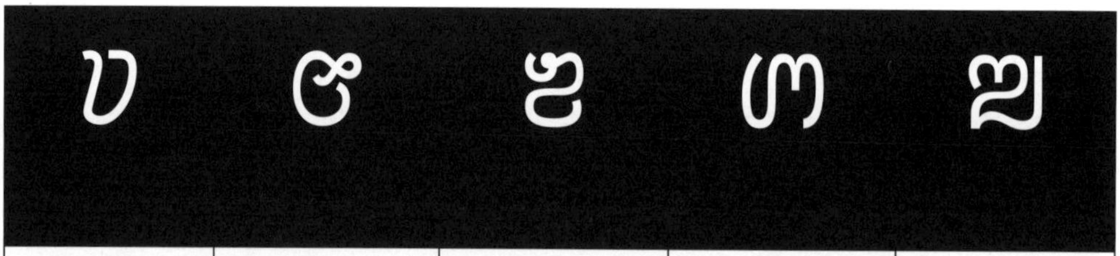

pa	pha	ba	bha	ma

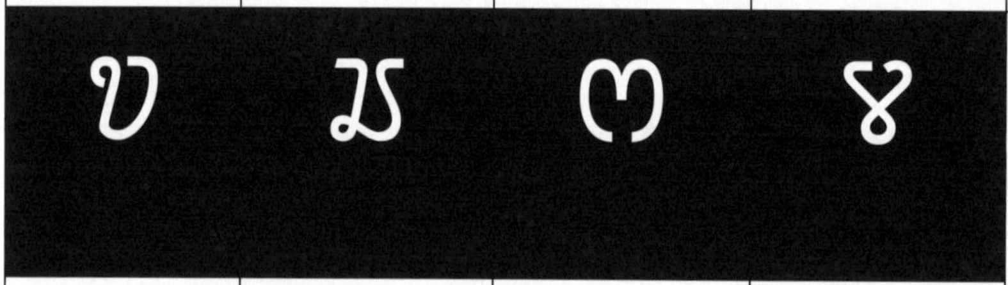

ya	ra	la	va

śa	ṣa	sa	ha	kṣa

47. Tirhuta 音韻十六字

𑒁	𑒂	𑒃	𑒄
a	ā	i	ī
𑒅	𑒆	𑒇	𑒈
u	ū	ṛ	ṝ
𑒉	𑒊	𑒋	𑒌
ḷ	ḷ	e	ai
𑒍	𑒎	𑒁𑓀	𑒁𑓁
o	au	aṃ	aḥ

Tirhuta 翻切三十四字

𑒏	𑒐	𑒑	𑒒	𑒓
ka	kha	ga	gha	ṅa
𑒔	𑒕	𑒖	𑒗	𑒘
ca	cha	ja	jha	ña
𑒙	𑒚	𑒛	𑒜	𑒝
ṭa	ṭha	ḍa	ḍha	ṇa
𑒞	𑒟	𑒠	𑒡	𑒢
ta	tha	da	dha	na

প	ফ	রঁ	ভ	ম
pa	pha	ba	bha	ma
য	ব	ন	র	
ya	ra	la	va	
শী	ষ	স	হ	ক্ষ
śa	ṣa	sa	ha	kṣa

48. Lanna 音韻十六字

ᩋ	ᩋᩣ	ᩍ	ᩎ
a	ā	i	ī
ᩏ	ᩐ	ᩂ	ᩂᩣ
u	ū	ṛ	ṝ
ᩄ	ᩄᩣ	ᩑ	ᩋᩱ
ḷ	ḷ	e	ai
ᩒ	ᩏᩣ	ᩋᩴ	ᩋᩡ
o	au	aṃ	aḥ

Lanna 翻切三十四字

ᨠ	ᨡ	ᨣ	ᨥ	ᨦ
ka	kha	ga	gha	ṅa
ᨧ	ᨨ	ᨩ	ᨫ	ᨬ
ca	cha	ja	jha	ña
ᨭ	ᨮ	ᨯ	ᨰ	ᨱ
ṭa	ṭha	ḍa	ḍha	ṇa
ᨲ	ᨳ	ᨴ	ᨵ	ᨶ
ta	tha	da	dha	na

pa	pha	ba	bha	ma

ya	ra	la	va

śa	ṣa	sa	ha	kṣa

49. Tai lue 音韻十六字

ᩋ	ᩋᩣ	ᩍ	ᩎ
a	ā	i	ī
ᩏ	ᩐ	ᩂ	ᩂᩣ
u	ū	ṛ	ṝ
ᩄ	ᩄᩣ	ᩑ	ᩱᩋ
ḷ	ḹ	e	ai
ᩒ	ᩒᩣ	ᩋᩴ	ᩋᩡ
o	au	aṃ	aḥ

Tai lue 翻切三十四字

ᨠ	ᨡ	ᨣ	ᨥ	ᨦ
ka	kha	ga	gha	ṅa
ᨧ	ᨨ	ᨩ	ᨫ	ᨬ
ca	cha	ja	jha	ña
ᨭ	ᨮ	ᨯ	ᨰ	ᨱ
ṭa	ṭha	ḍa	ḍha	ṇa
ᨲ	ᨳ	ᨴ	ᨵ	ᨶ
ta	tha	da	dha	na

pa	pha	ba	bha	ma

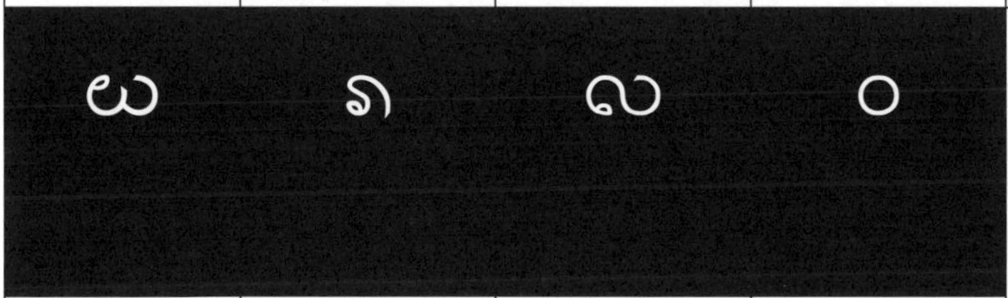

ya	ra	la	va

śa	ṣa	sa	ha	kṣa

50. Tai Tham Lao 音韻十六字

ᩋ	ᩋᩣ	ᩍ	ᩎ
a	ā	i	ī
ᩏ	ᩐ	ᩂ	ᩂᩣ
u	ū	ṛ	ṝ
ᩄ	ᩄᩣ	ᩑ	ᩱᩋ
ḷ	ḹ	e	ai
ᩰᩋ	ᩒᩣ	ᩋᩴ	ᩋᩡ
o	au	aṃ	aḥ

Tai Tham Lao 翻切三十四字

ᨠ	ᨡ	ᨣ	ᨥ	ᨦ
ka	kha	ga	gha	ṅa
ᨧ	ᨨ	ᨩ	ᨫ	ᨬ
ca	cha	ja	jha	ña
ᨭ	ᨮ	ᨯ	ᨰ	ᨱ
ṭa	ṭha	ḍa	ḍha	ṇa
ᨲ	ᨳ	ᨴ	ᨵ	ᨶ
ta	tha	da	dha	na

pa	pha	ba	bha	ma

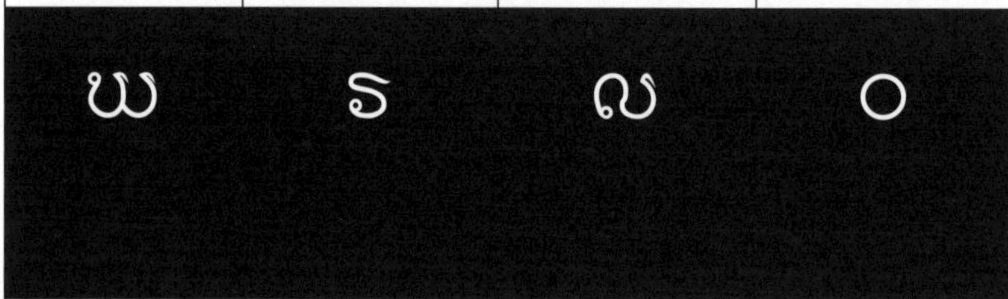

ya	ra	la	va

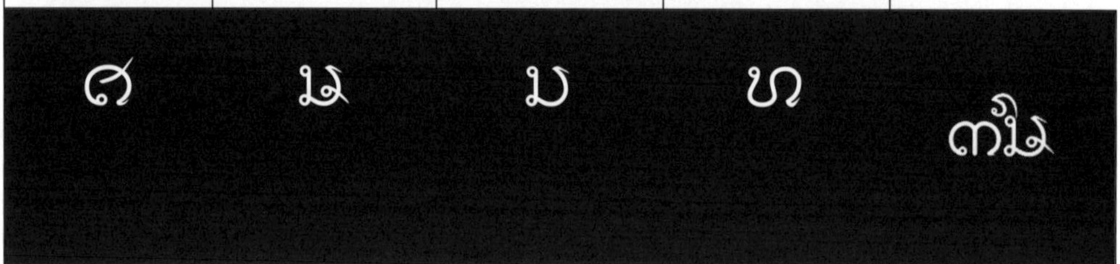

śa	ṣa	sa	ha	kṣa

51. Tai khuen 音韻十六字

a	ā	i	ī

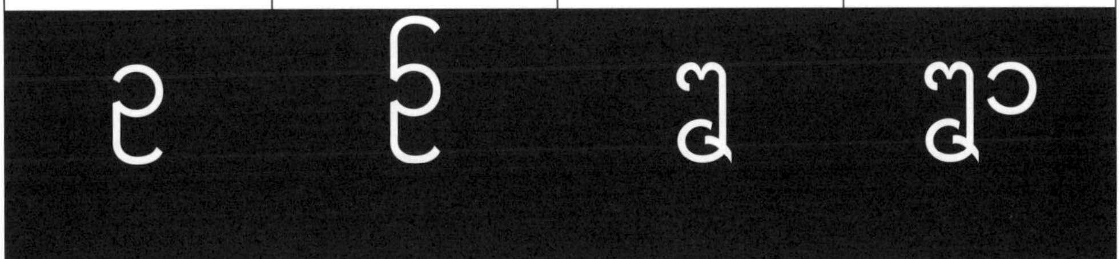

u	ū	ṛ	ṝ

ḷ	ḹ	e	ai

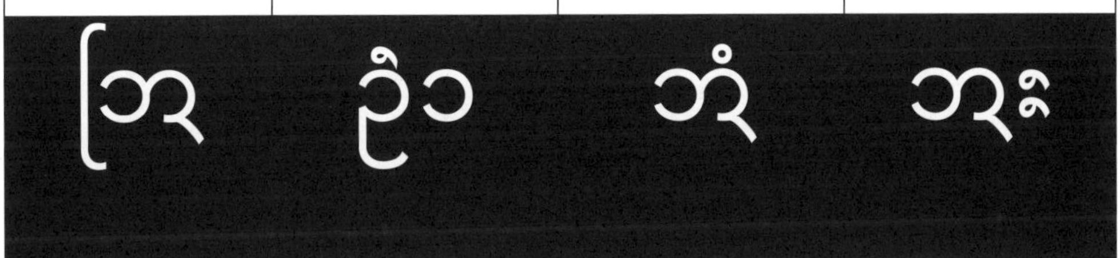

o	au	aṃ	aḥ

Tai khuen 翻切三十四字

ᨠ	ᨡ	ᨣ	ᨥ	ᨦ
ka	kha	ga	gha	ṅa
ᨧ	ᨨ	ᨩ	ᨫ	ᨬ
ca	cha	ja	jha	ña
ᨭ	ᨮ	ᨯ	ᨰ	ᨱ
ṭa	ṭha	ḍa	ḍha	ṇa
ᨲ	ᨳ	ᨴ	ᨵ	ᨶ
ta	tha	da	dha	na

ပ	ဖ	ဗ	ဘ	မ
pa	pha	ba	bha	ma
ယ	ရ	လ	ဝ	
ya	ra	la	va	
ၐ	ၑ	သ	ဟ	က္ၑ
śa	ṣa	sa	ha	kṣa

52. Takri 音韻十六字

a	ā	i	ī

u	ū	ṛ	ṝ

ḷ	ḷ	e	ai

o	au	aṃ	aḥ

Takri 翻切三十四字

𑚊	𑚋	𑚌	𑚍	𑚎
ka	kha	ga	gha	ṅa
𑚏	𑚐	𑚑	𑚒	𑚓
ca	cha	ja	jha	ña
𑚔	𑚕	𑚖	𑚗	𑚘
ṭa	ṭha	ḍa	ḍha	ṇa
𑚙	𑚚	𑚛	𑚜	𑚝
ta	tha	da	dha	na

ਪ	ਫ	ਬ	ਭ	ਮ
pa	pha	ba	bha	ma
ਯ	ਰ	ਲ	ਵ	
ya	ra	la	va	
ਸ਼	ਖ	ਸ	ਹ	ਕ੍ਖ
śa	ṣa	sa	ha	kṣa

53. Shan 音韻十六字

ဢ	ဢႃ	ဢိ	ဢီ
a	ā	i	ī
ဢု	ဢူ	ၒ	ၓ
u	ū	ṛ	ṝ
ၔ	ၕ	ေဢ	ဢဲ
ḷ	ḷ	e	ai
ေဢႃ	ဢဝ်	ဢံ	ဢး
o	au	aṃ	aḥ

Shan 翻切三十四字

ၵ	ၶ	ၷ	ꧠ	င
ka	kha	ga	gha	ṅa
ၸ	ꧡ	ၹ	ꧢ	ၺ
ca	cha	ja	jha	ña
ဋ	ဌ	ဍ	ဎ	ꧣ
ṭa	ṭha	ḍa	ḍha	ṇa
တ	ထ	ၻ	ဓ	ၼ
ta	tha	da	dha	na

ပ	ဖ	ဗ	ဘ	မ
pa	pha	ba	bha	ma
ယ	ရ	လ	ဝ	
ya	ra	la	va	
ၐ	ၑ	သ	ဟ	က္ၑ
śa	ṣa	sa	ha	kṣa

54. Pallava 音韻十六字

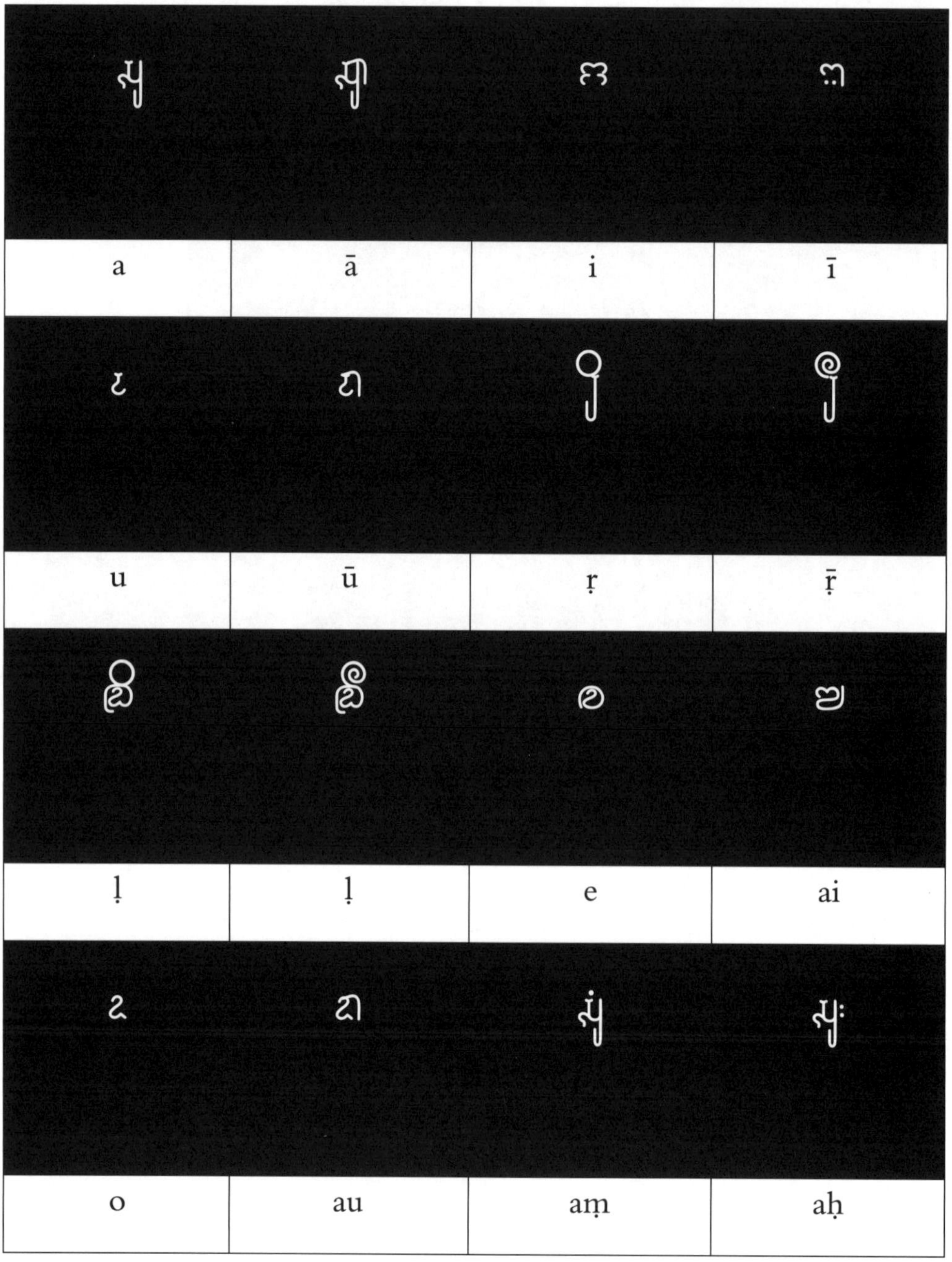

Pallava 翻切三十四字

ka	kha	ga	gha	ṅa

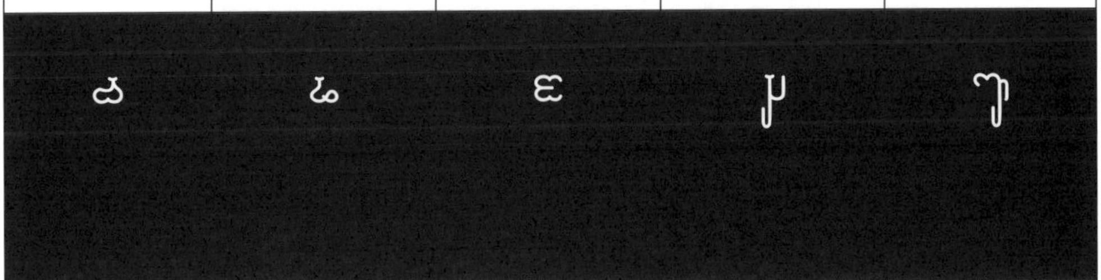

ca	cha	ja	jha	ña

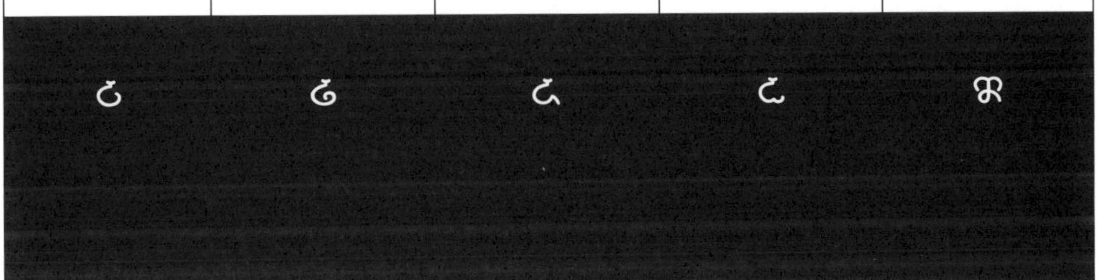

ṭa	ṭha	ḍa	ḍha	ṇa

ta	tha	da	dha	na

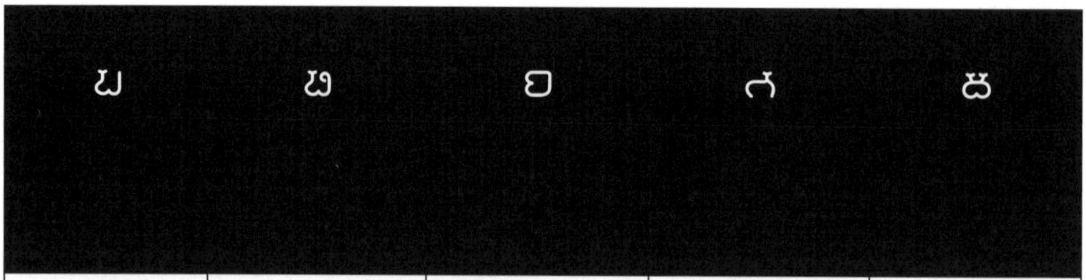

pa	pha	ba	bha	ma

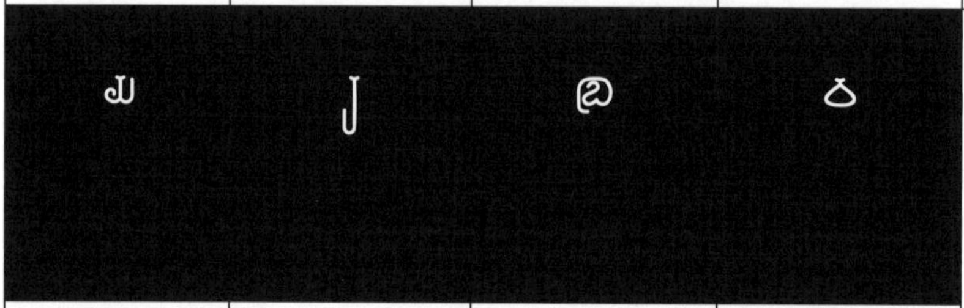

ya	ra	la	va

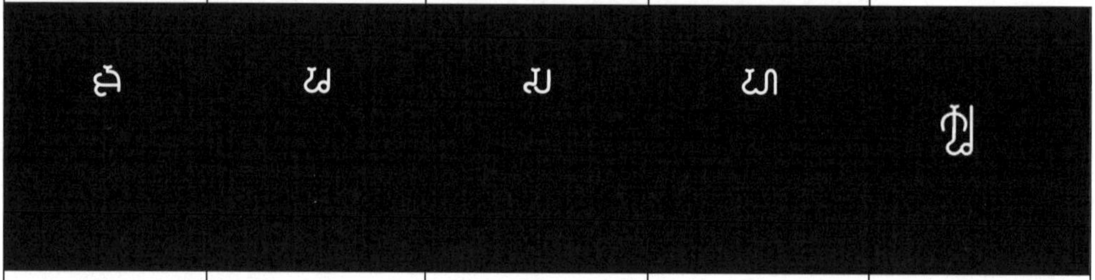

śa	ṣa	sa	ha	kṣa

55. Nandinagari 音韻十六字

𑦠	𑦡	𑦢	𑦣
a	ā	i	ī
𑦤	𑦥	𑦦	𑦧
u	ū	ṛ	ṝ
		𑦪	𑦫
ḷ	ḹ	e	ai
𑦬	𑦭	𑦠𑧞	𑦠𑧟
o	au	aṃ	aḥ

Nandinagari 翻切三十四字

𑦮	𑦯	𑦰	𑦱	𑦲
ka	kha	ga	gha	ṅa
𑦳	𑦴	𑦵	𑦶	𑦷
ca	cha	ja	jha	ña
𑦸	𑦹	𑦺	𑦻	𑦼
ṭa	ṭha	ḍa	ḍha	ṇa
𑦽	𑦾	𑦿	𑧀	𑧁
ta	tha	da	dha	na

ਪ	ਫ	ਬ	ਭ	ਮ
pa	pha	ba	bha	ma
ਯ	ਰ	ਲ	ਵ	
ya	ra	la	va	
ਸ਼	ਖ	ਸ	ਹ	ਕ੍ਸ਼
śa	ṣa	sa	ha	kṣa

56. Modi 音韻十六字

𑘀	𑘁	𑘂	𑘃
a	ā	i	ī
𑘄	𑘅	𑘆	𑘇
u	ū	ṛ	ṝ
𑘈	𑘉	𑘊	𑘋
ḷ	ḷ	e	ai
𑘌	𑘍	𑘀𑘽	𑘀𑘾
o	au	aṃ	aḥ

Modi 翻切三十四字

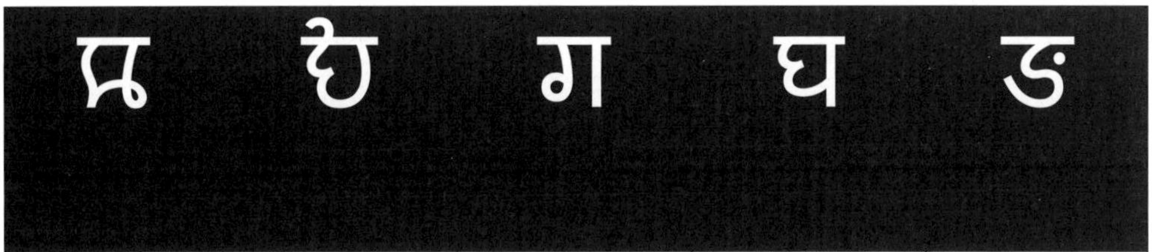

ka	kha	ga	gha	ṅa

ca	cha	ja	jha	ña

ṭa	ṭha	ḍa	ḍha	ṇa

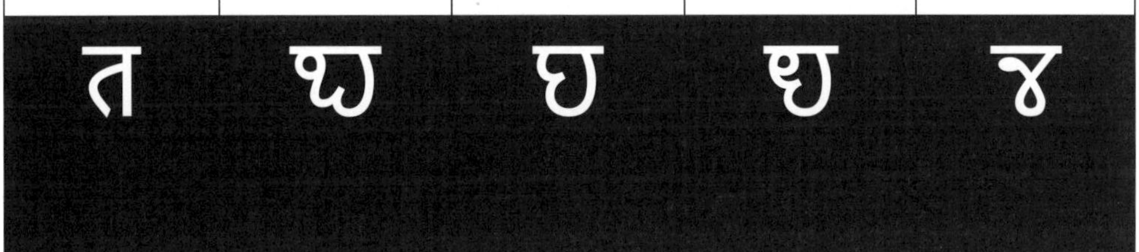

ta	tha	da	dha	na

ਪ	ਫ	ਬ	ਭ	ਮ
pa	pha	ba	bha	ma
ਯ	ਰ	ਲ	ਵ	
ya	ra	la	va	
श	ष	ਸ	ਹ	क्ष
śa	ṣa	sa	ha	kṣa

57. Jurchen　1376字

一類

一部

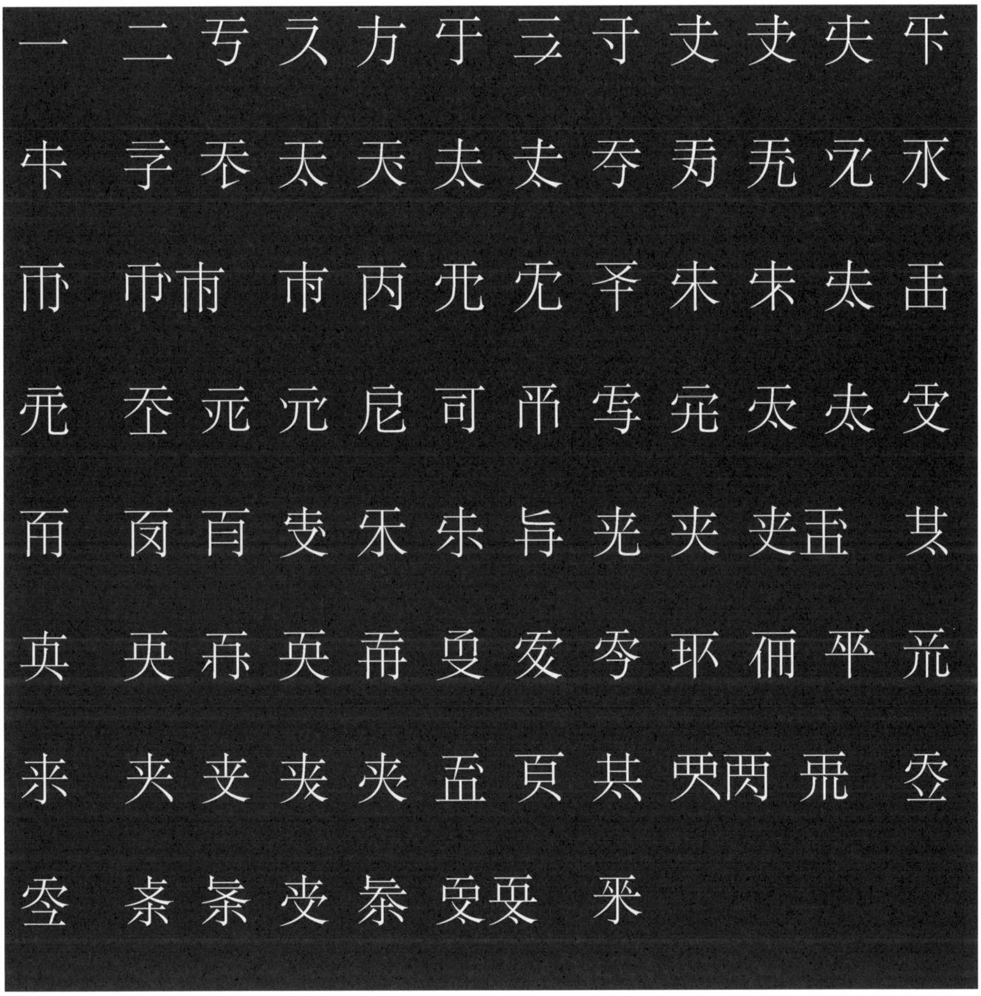

ㇷ部

乜　乜 予 厹 为 爻 孖 尧 仌 文 太 乤

为　豖 甬 育 育 阂 亙 奂 甭 孟

ス部

丛　斧 丞 斉 希

十部

牛　卡 对 升 卅 亢 芀 五 走 支 冉 冇

甫　斗 斗 声 古 古 肓 冉 南 乖 南 击

壳　克 乖 苏 南 南 南盅　由 弃 克 击

卓　南 南 春 击東　去 去 幸南　京 南

兩

𠂇部

厂部

⺕部

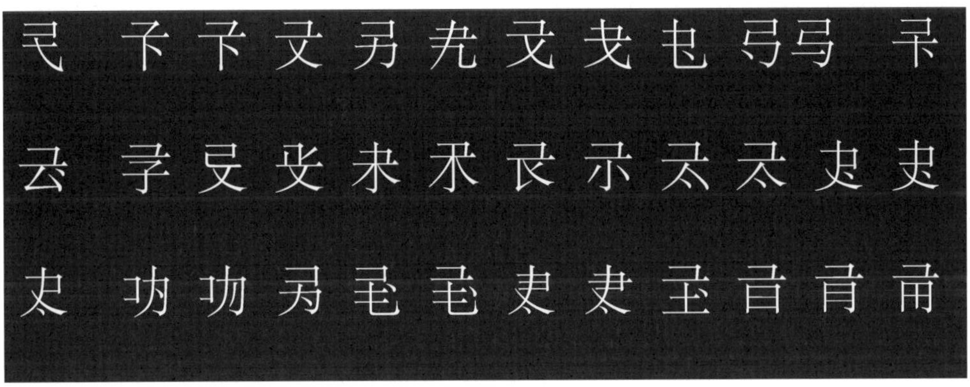

丙　尋 录 尋 尧 尧 夋 承 屏孱　昼 叁

录　录 旻 称 畐屖　屋 屎 屖 炅 关 展

称　录 届 肩

亠部

夺　夋 叕 元 乞 叏 亥 系 豖 桑 系 奚

奚　蚕

丰部

卡　丈 午 支 太 丈击　麦 麦 夯 吏 卦

吏　圭 妻 壴 尳

干部

下　五击 缶　平 車 叏

土部

圡　圭 坦 尧 耂 先 尧 尧为　先 隶 赤

卉　汞 汞 寿 支 妄 去 杰 隶盂　孝 老

丸　赤 赤 求

大部

达　夸 奌 奎 夺 杏 夲 奎 奟 奈

丈部

犮　丸 丈 犮 奎 奎

王部

王　汪 丰 寺 吏凪　臥 亚 玫 玫 巫 亟

正部

木部

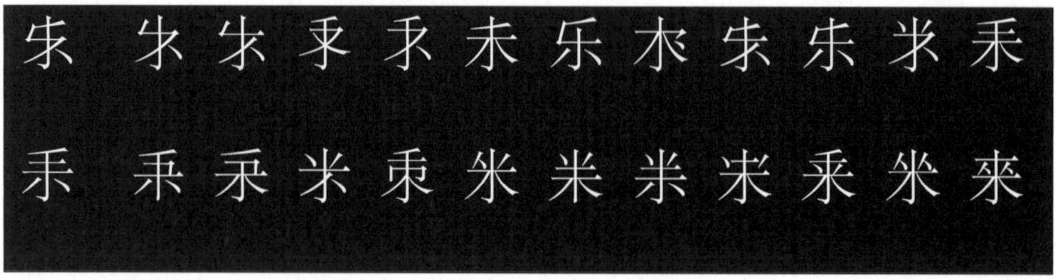

丨類

丨部

卜部

玣 朴 圤 ? ? ? 朴 ? ?

刂部

刈 利 刈 礿 ?? 列 ? 砢 刮

卄部

? 芍 艾 艾 芊 芺

艹部

芺 芊 苘

业部

丵 岂 業

冂部

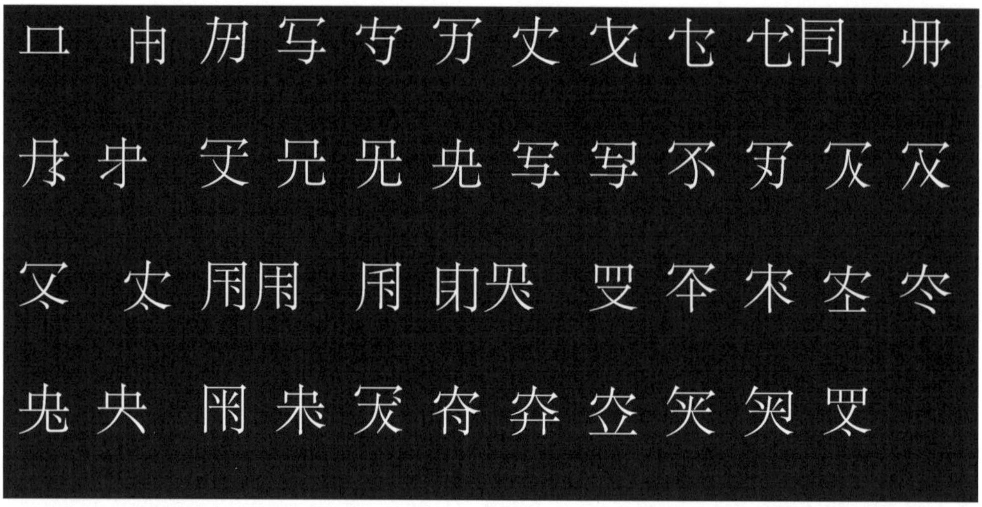

⺍部

山部

口部

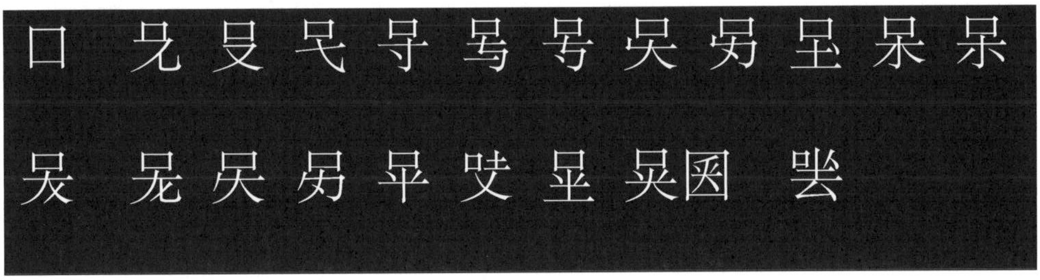

日部

中部

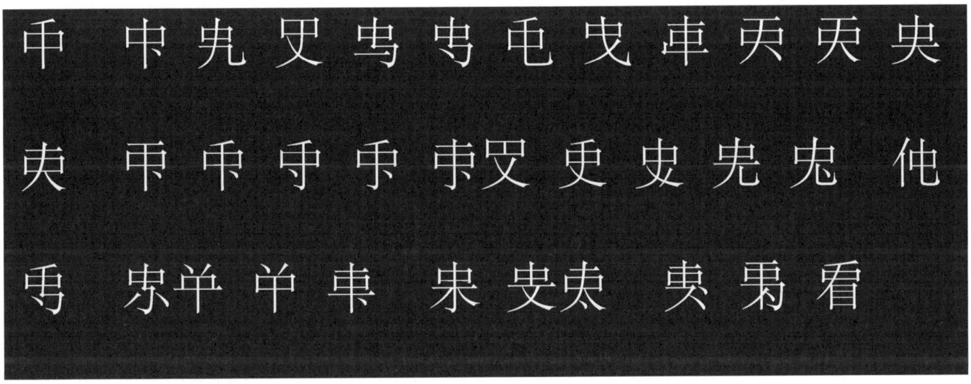

田部

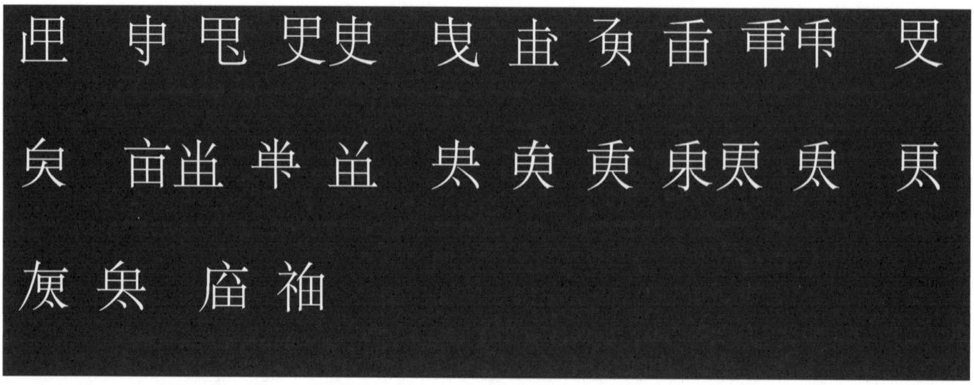

丿類

㇒部

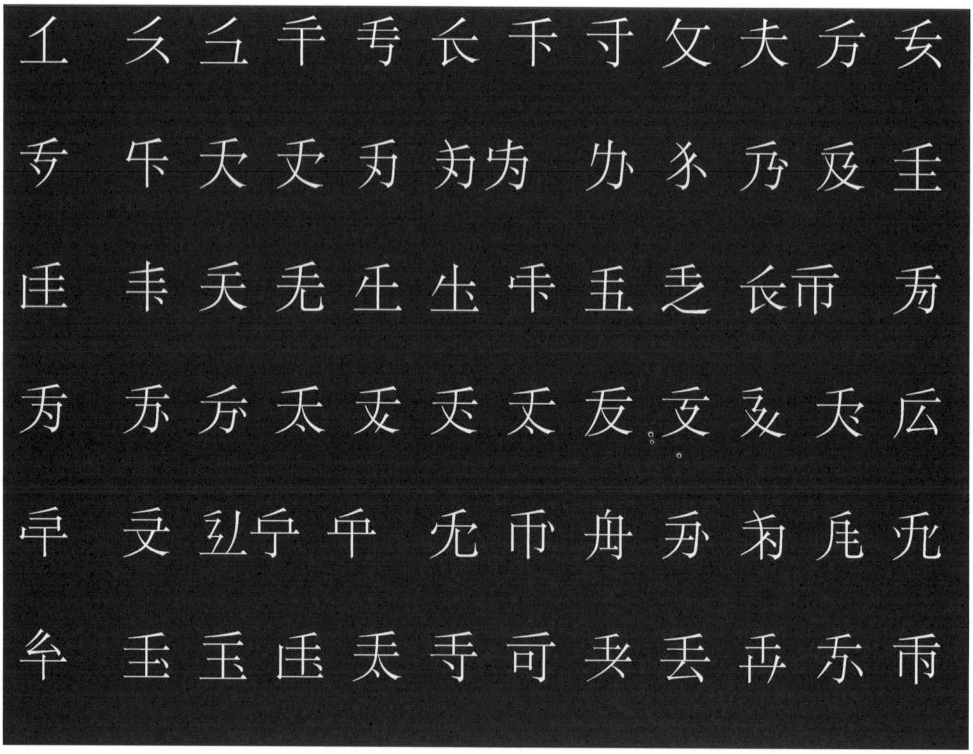

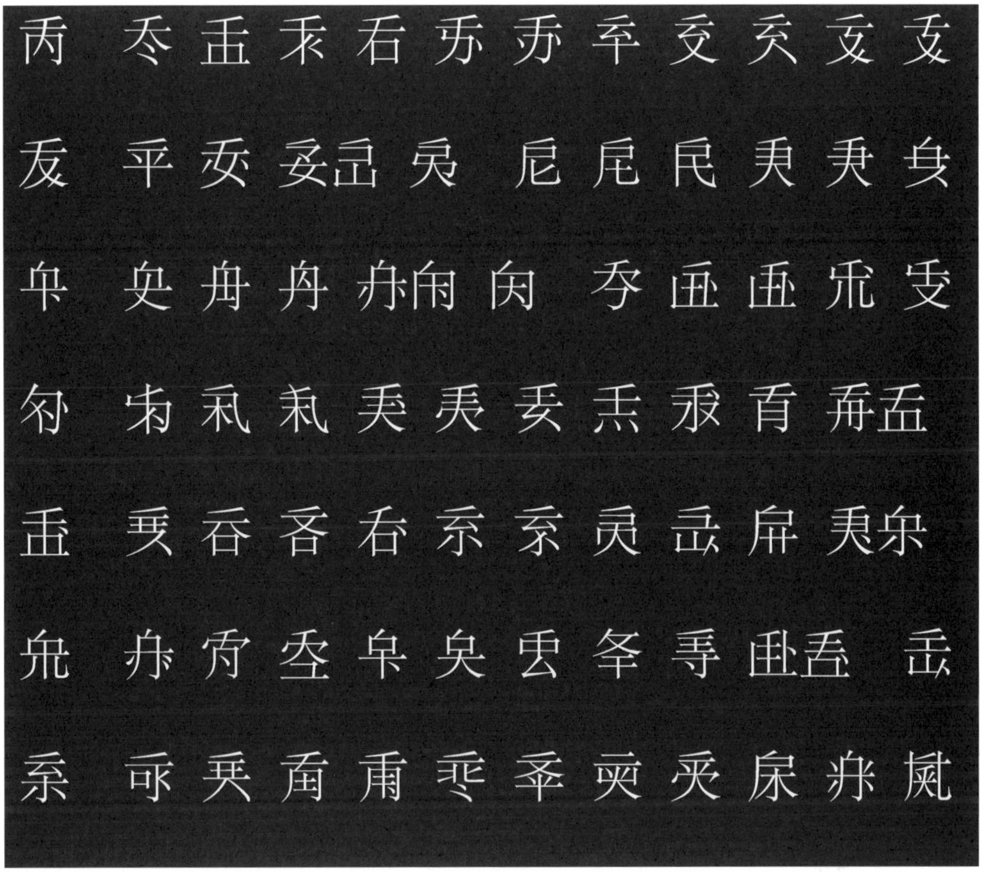

丿部

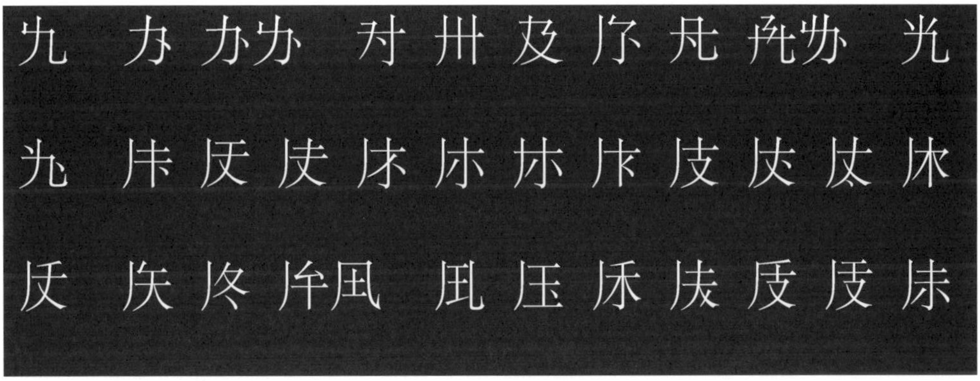

𠂉部

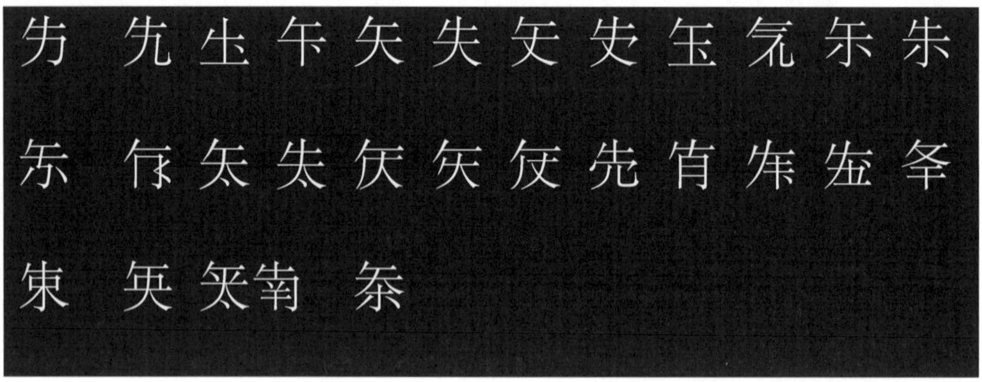

𠃊部

奈

亻部

亿 仟 件 仗 伐 休 仔 仔 仕 佀 伟 使

佗 付 付 休 体 仵 佚 伏 伐 伐 伢 佽

佽 付 侁 佀 佽 任 信 俌俌 侷倣 倈

倈 侠 倈俩 伶 倭 佉 俘 俟 使 得 倸

伴 俘 俑 俑 俑 保 俑 倥 俑 倅

彳部

彳 仁 仟 仕 彻 伟 厍 佚 付 休 伏 伏

伐 伐 伐 伻 佚 伯 佼 律 侠 徐 侁 你

丬部

厂部

人部

乂部

斗 爻 [illegible] [illegible] [illegible] [illegible] 杀 [illegible] [illegible] [illegible] [illegible] [illegible]

又部

叉 圣 [illegible] 双 [illegible] 叓 [illegible]

夕部

夂 [illegible] [illegible] [illegible] [illegible] 夅

厶部

[illegible] [illegible] [illegible] [illegible] [illegible] [illegible] [illegible] [illegible] [illegible] [illegible] [illegible]

[illegible] [illegible] [illegible] [illegible] [illegible] [illegible] [illegible]

爫部

[illegible] [illegible] [illegible] [illegible] [illegible] [illegible] [illegible] [illegible] 采 [illegible] [illegible] [illegible]

月部

##乚類

乚部

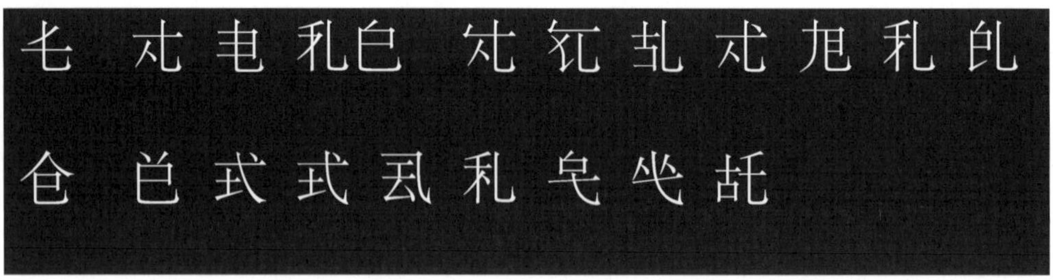

乚部

乚部

丶類

丶部

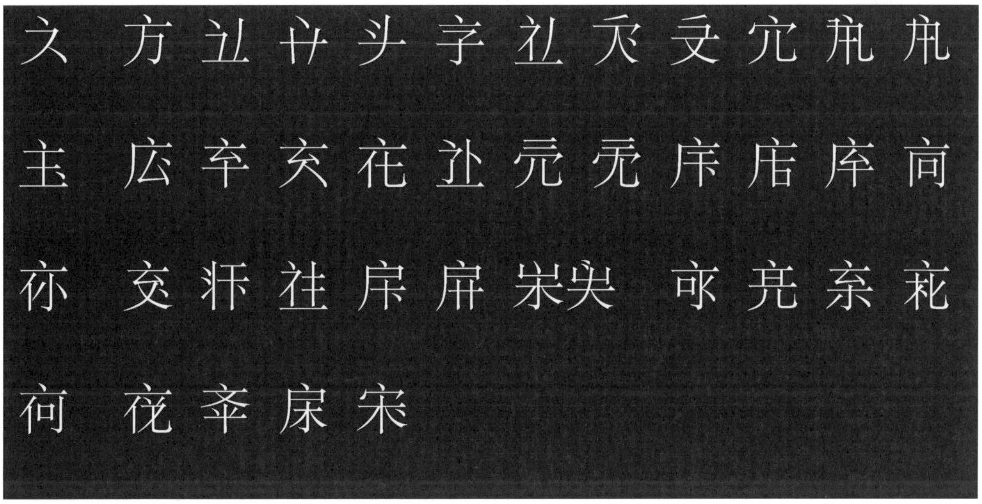

丷部

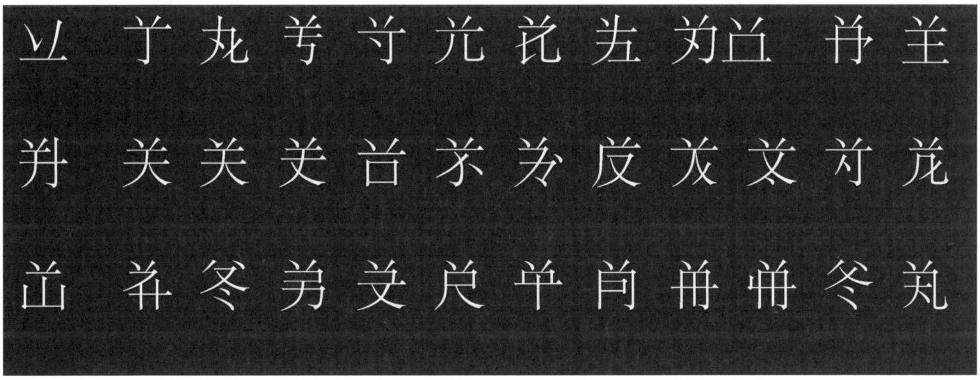

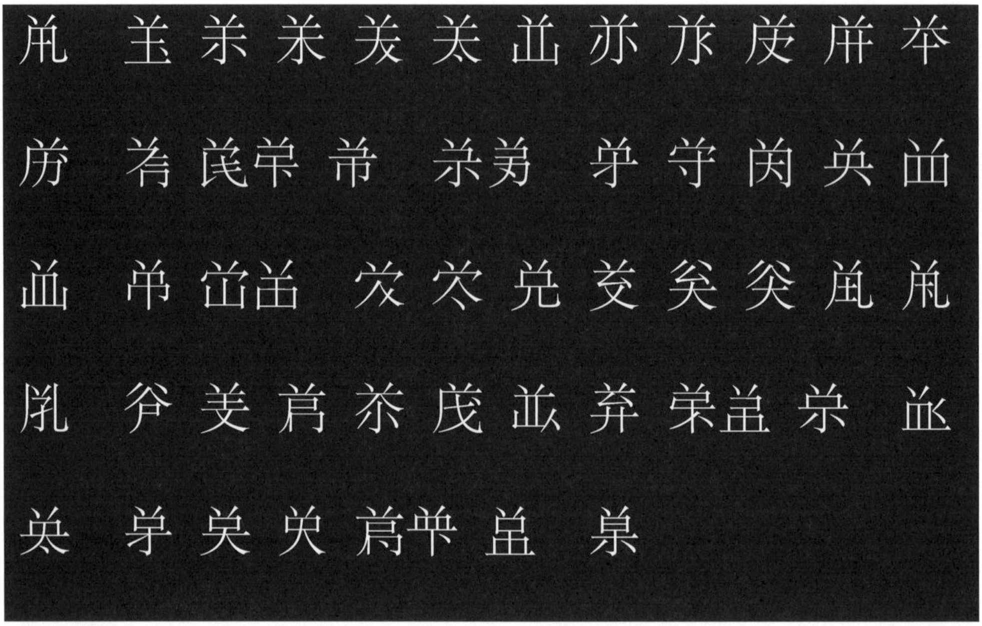

火部

58. Khitan largel 2278 字

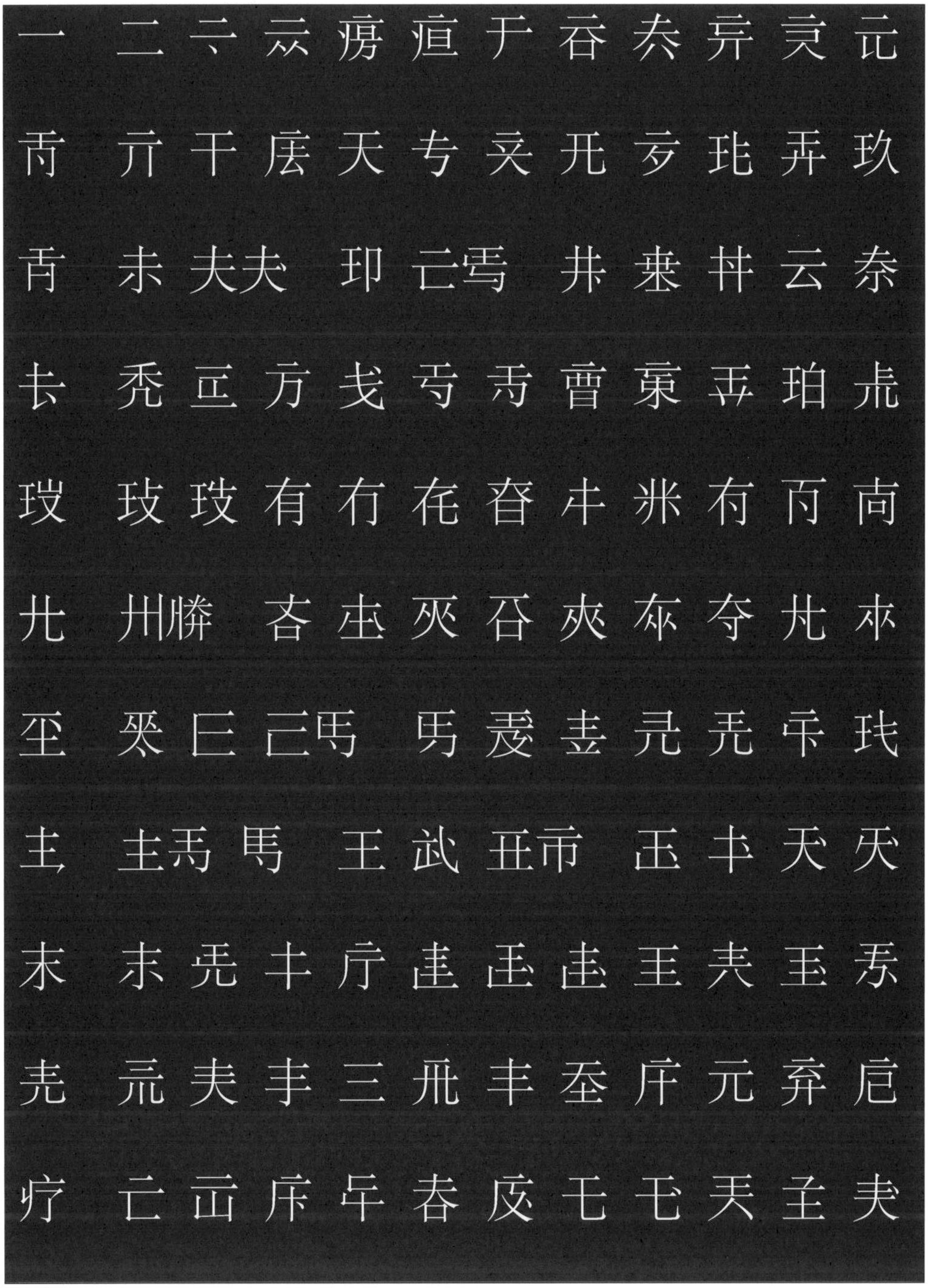

夫 夫 素 丮 或 末 交 夵 死 平 夂 夾
茎 夵 奨 托 太 奈 托 丈 夾 忒 厷 否
春 沓 亥 尓 乏 沓 昝 夾 龙 不 九 万
房 左 九 右 邪 丙 丰 爪 外 开 来 疙
戶 几 凡 反 实 屎 不 氐 无 友 友 市
爪 烈 九 爪 叒 冋 存 所 及 压 爪 左
左 厷 在 丞 百 压 压 咸 膏 丏 丏 异
丙 矸 尋 冂 丏 尤 百 丁 刀 龙 兎 岸
垩 邪 页 石 爪 否 立 乇 应 床 佳 夏
卅 卌 焉 丘 冋 市 霁 雨 皿 击 击 去
之 南 兩 亜 西 冗 带 西 見 扞 扑 扑

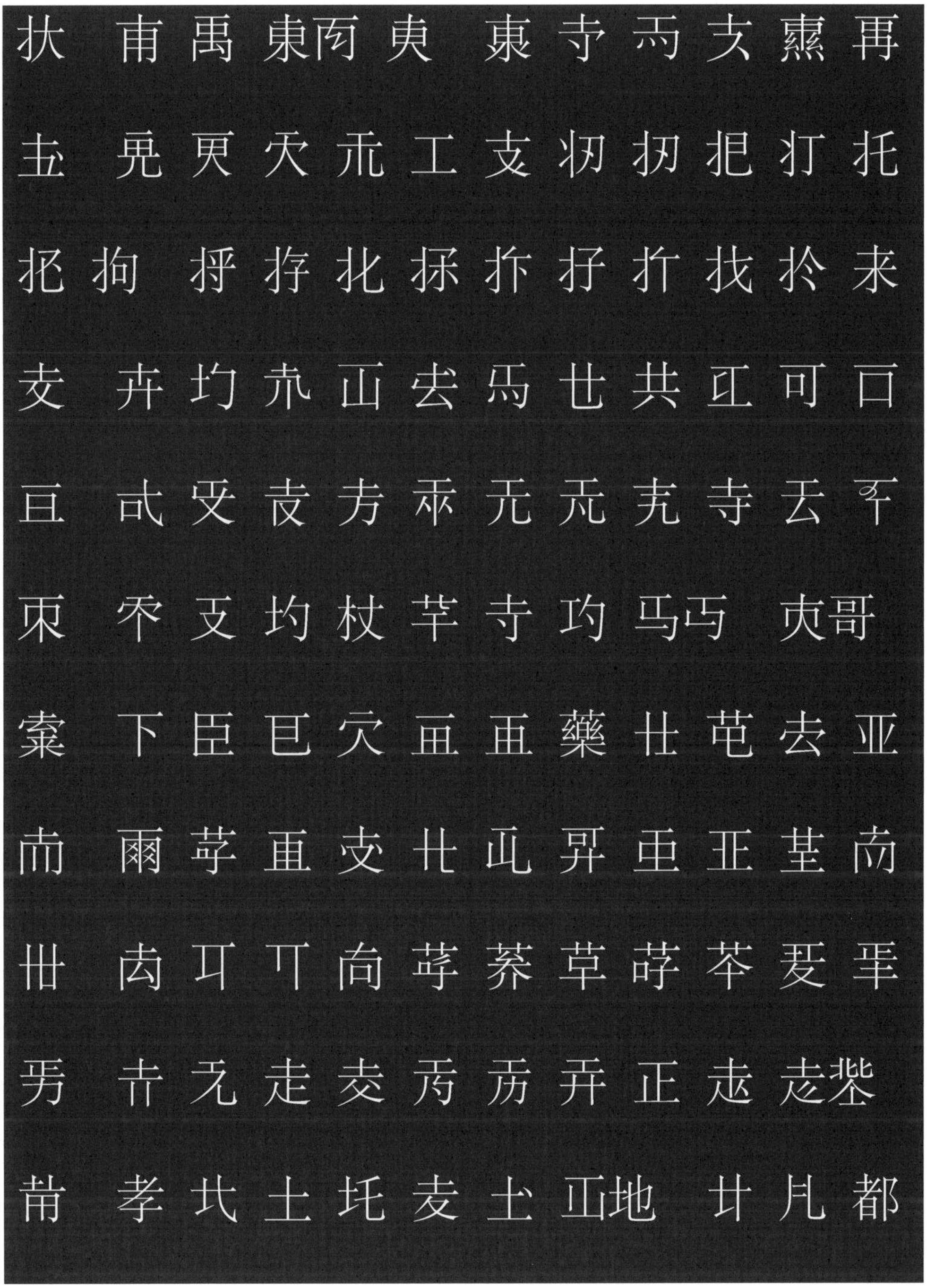

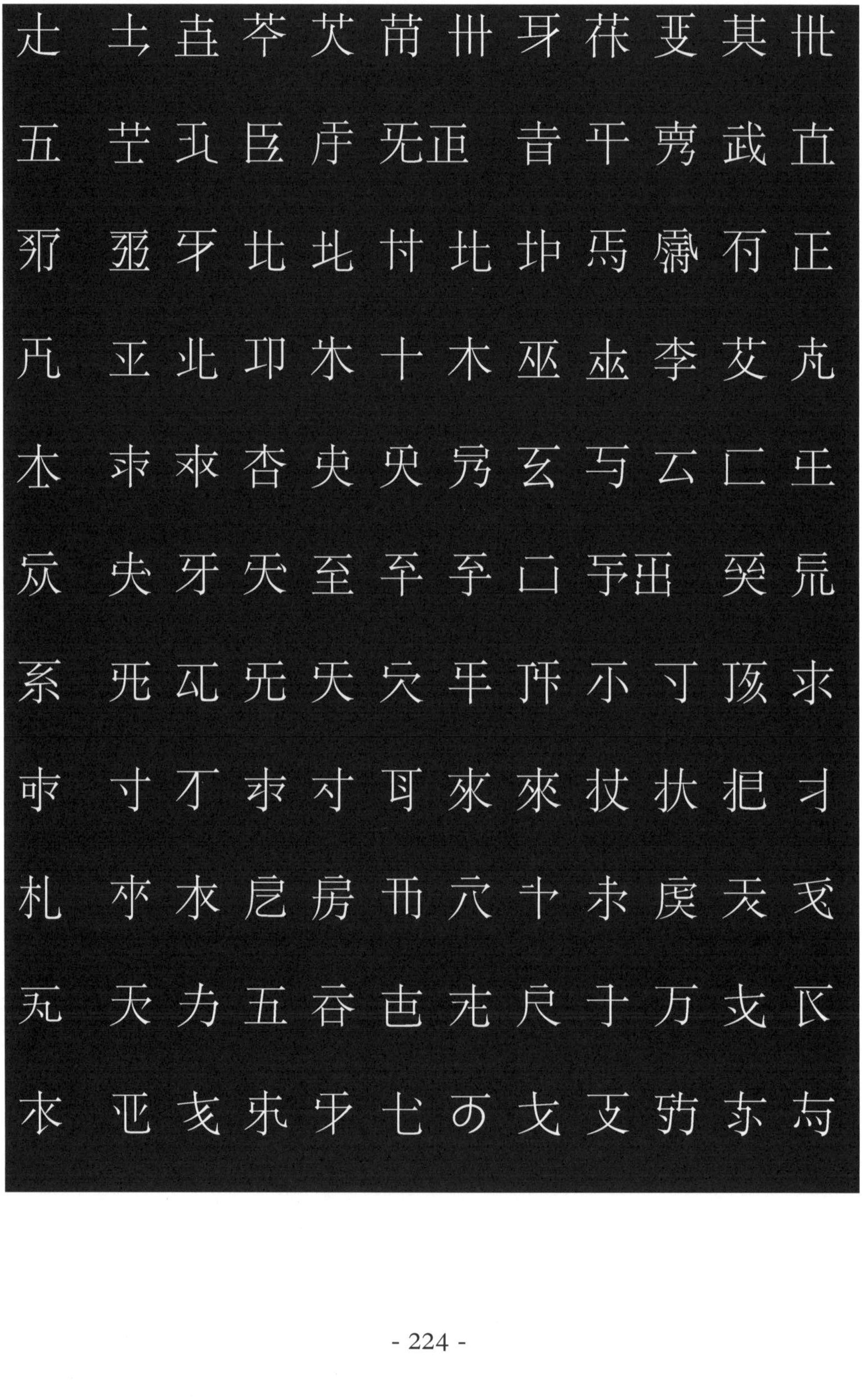

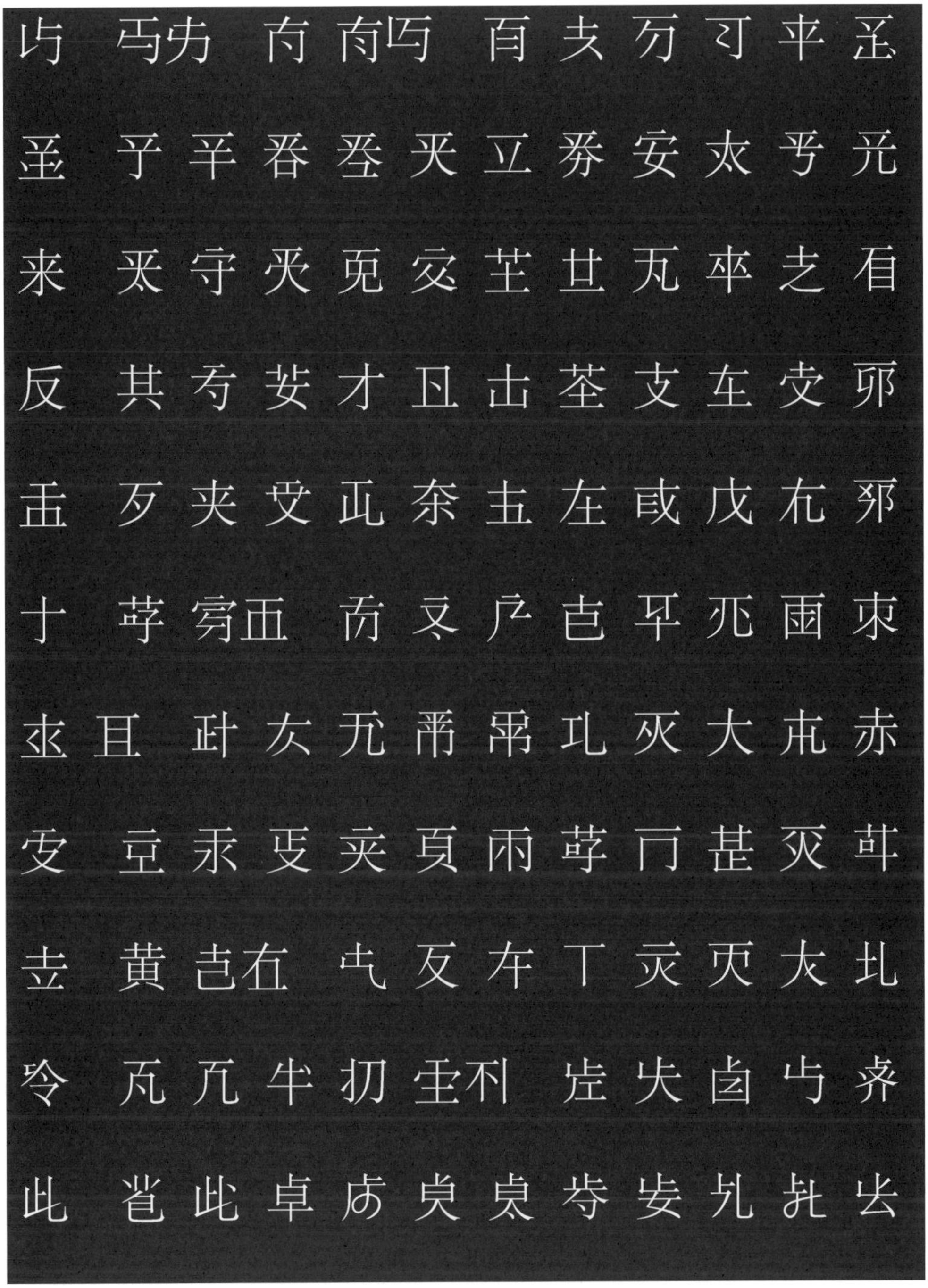

凸 之 希 此 兵 止 㐬 支 岁 上 叔 支

占 支 卣 貞 业 业 亟 柴 呆 此 尚 业

邕 邕 荒 峯 常 当 盅 皂 丬 业 关帕

岑 姿 茶 草黄 光 光尚 卜 小 小肖

肯 尝 堂 肖 岂 尖 以 安 尖 凸 永 岂

光 鋆 北 此 光 壳 肖 光 尚 足 昴 口

昊 跧 是星 是 是 尸 兒 贝 吹 品 昙

品 兄晶 录异 兄 哱 足 央 晃 叩 帛

兄 另 星吊 录 录 显 是 是 昊 哭 晶

品晶 品 晶 品 晶 昼 唍 晃 昊 呆 曼

味 号 冎 吠 星 眝 县 炅 墨 昊 東 叽

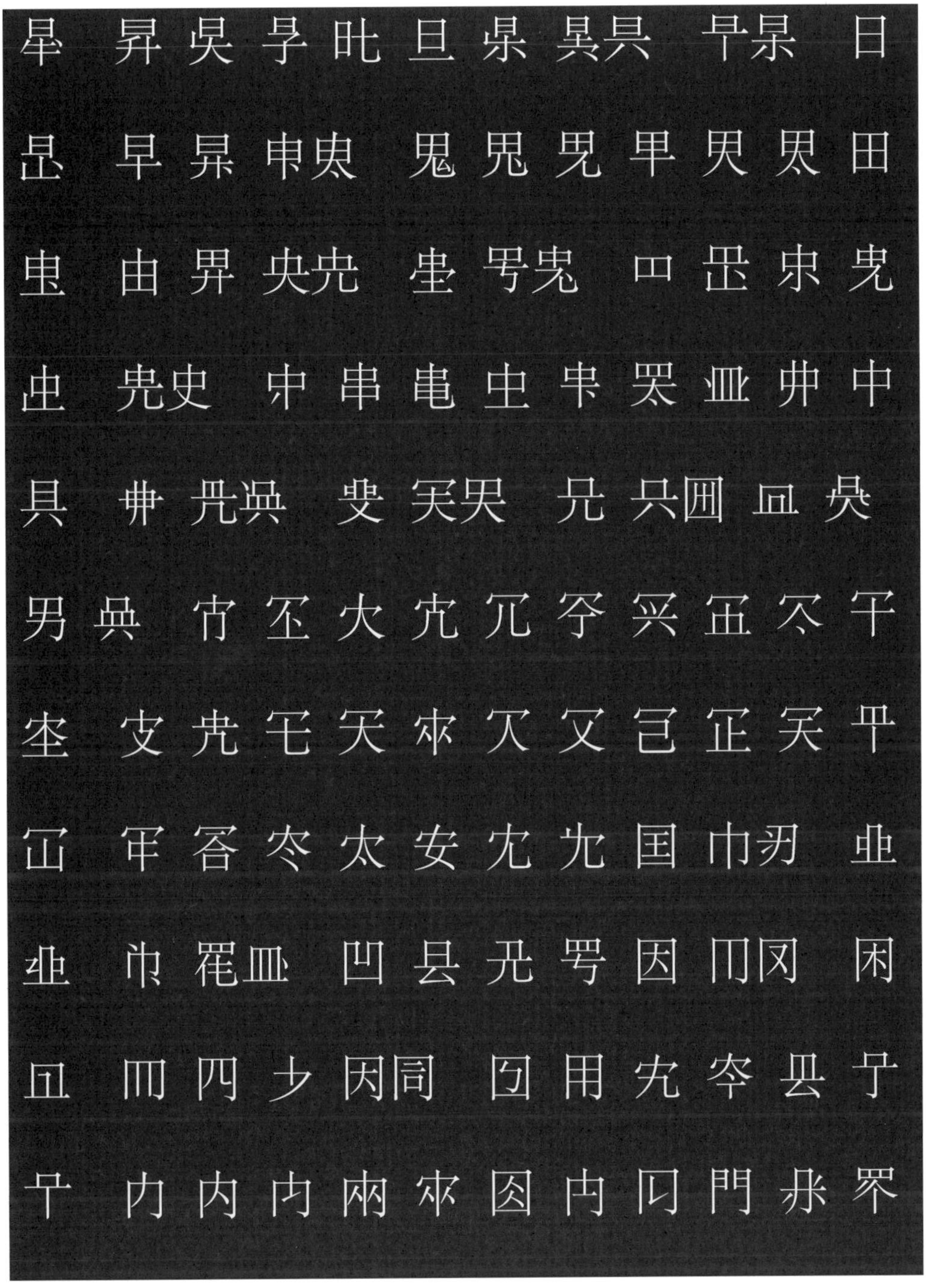

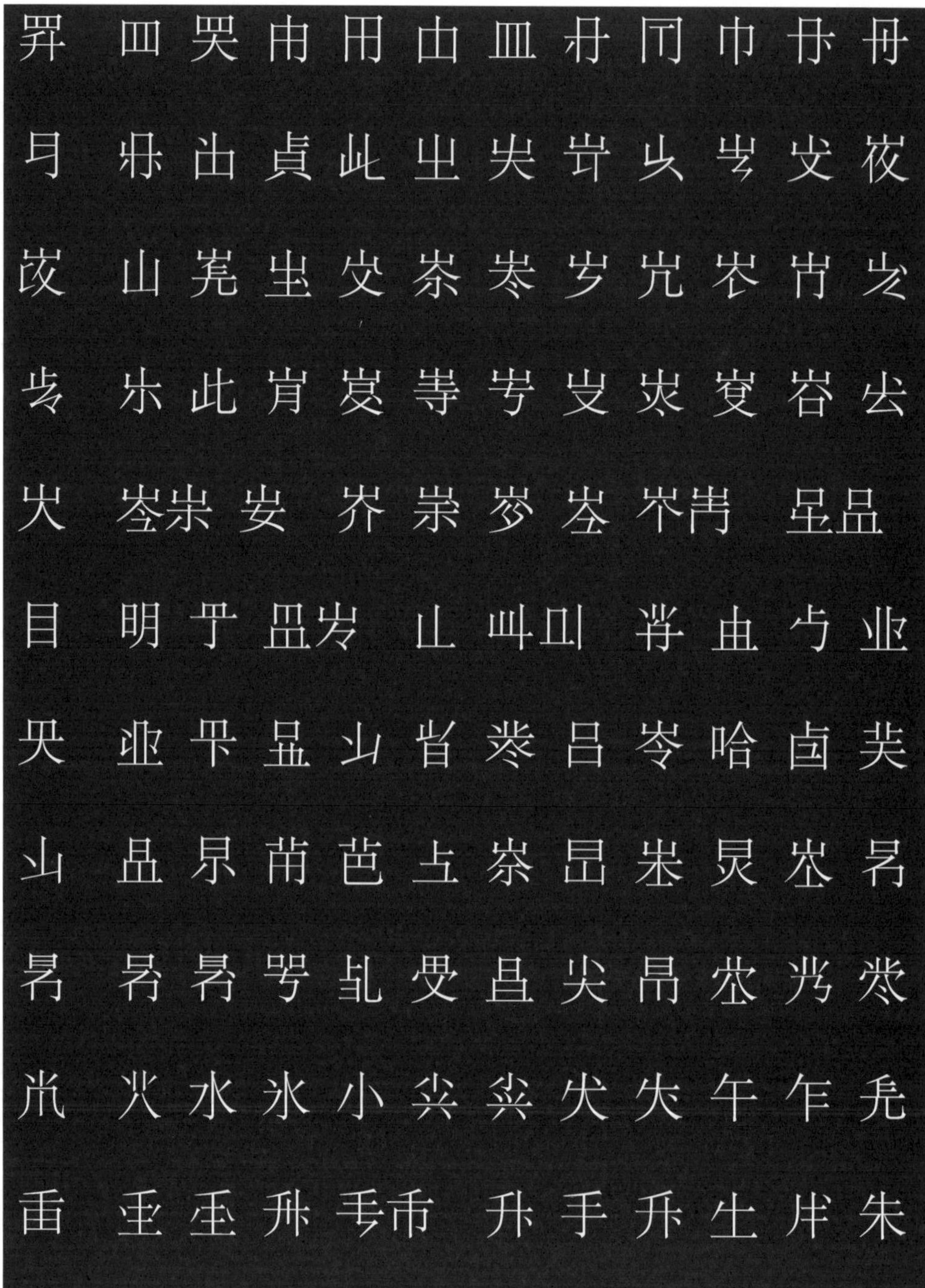

攴 禿 夭 斥 舌 長 笊 竿 耕 奄 卒 凧

生 舌 忝 手 禿 厷 厂 方 育 冉 吞 乍

二 秅 方 王 耕 午 亐 尺 卡 用 床 先

交 夭 禿 禾 忝 凧 同 吞 盉 旁 隽 尺

币 戈 矛 扎 我 我 庠 蚕 秀 𠧿 凧 益

巿 夾 庄 寺 厄 戊 凡 丢 生 冂 兵 乇

缶 步 川 佩 仲 仿 伪 传 化 佗 仿 仇

仇 传 仁 仅 仔 伕 俊 使 伲 佢 位 住

休 伶 俭 俻 传 何 仉 佃 佩 俏 伎 佈

任 佬 佗 佣 佩 伪 仆 伦 信 信 佅 保

佮 徒 住 伐 仇 仁 化 仿 位 仮 佾 使

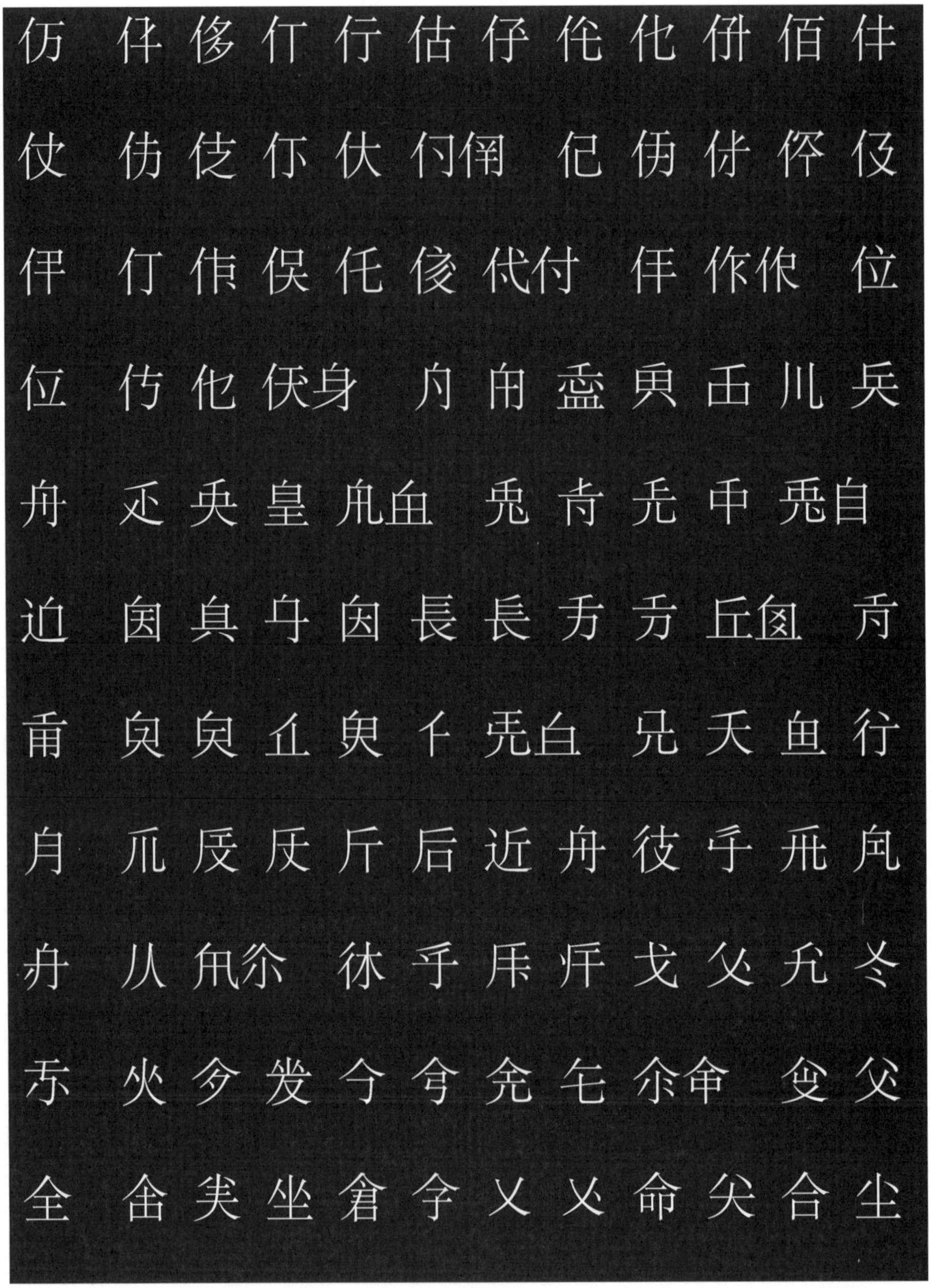

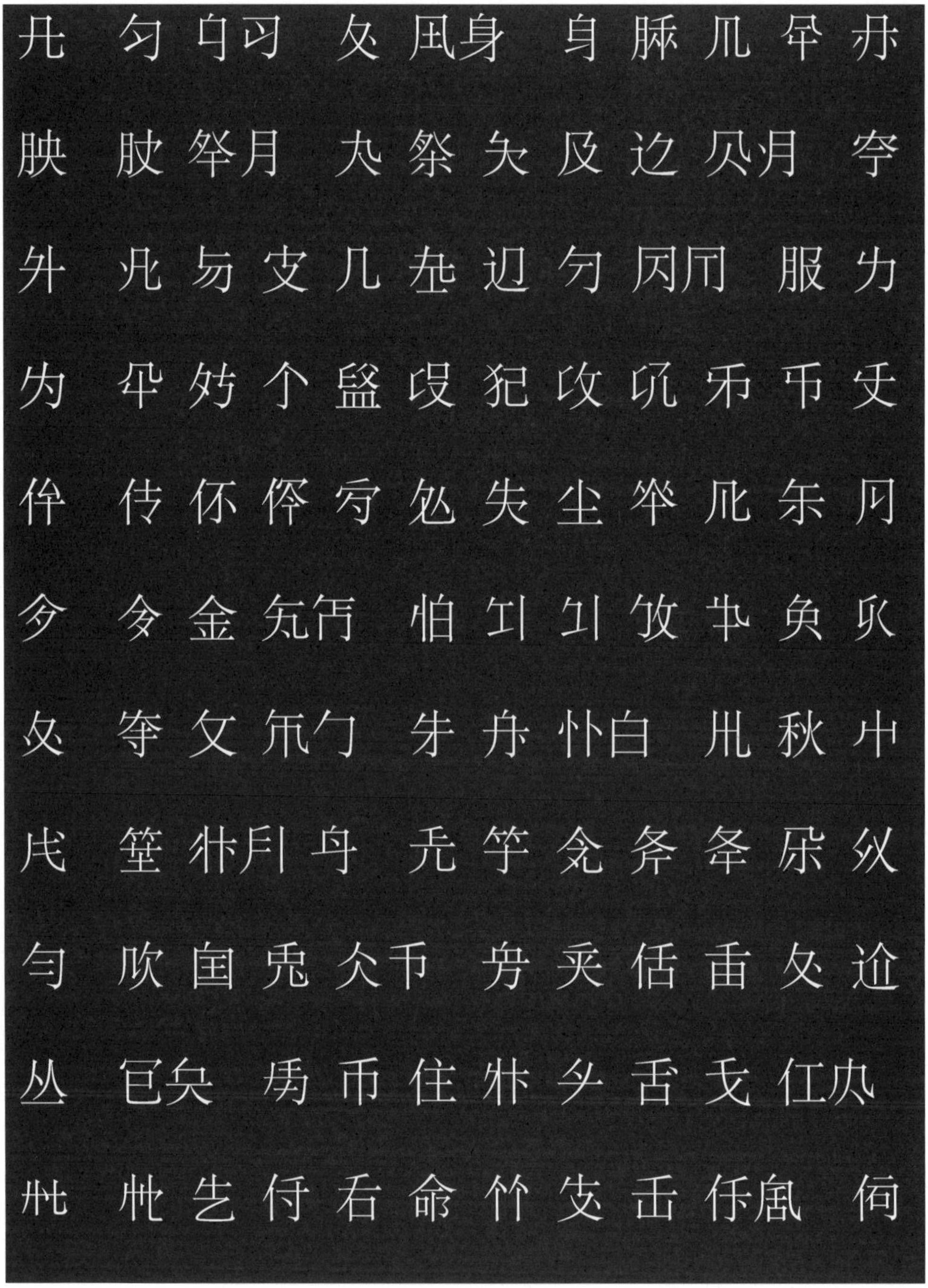

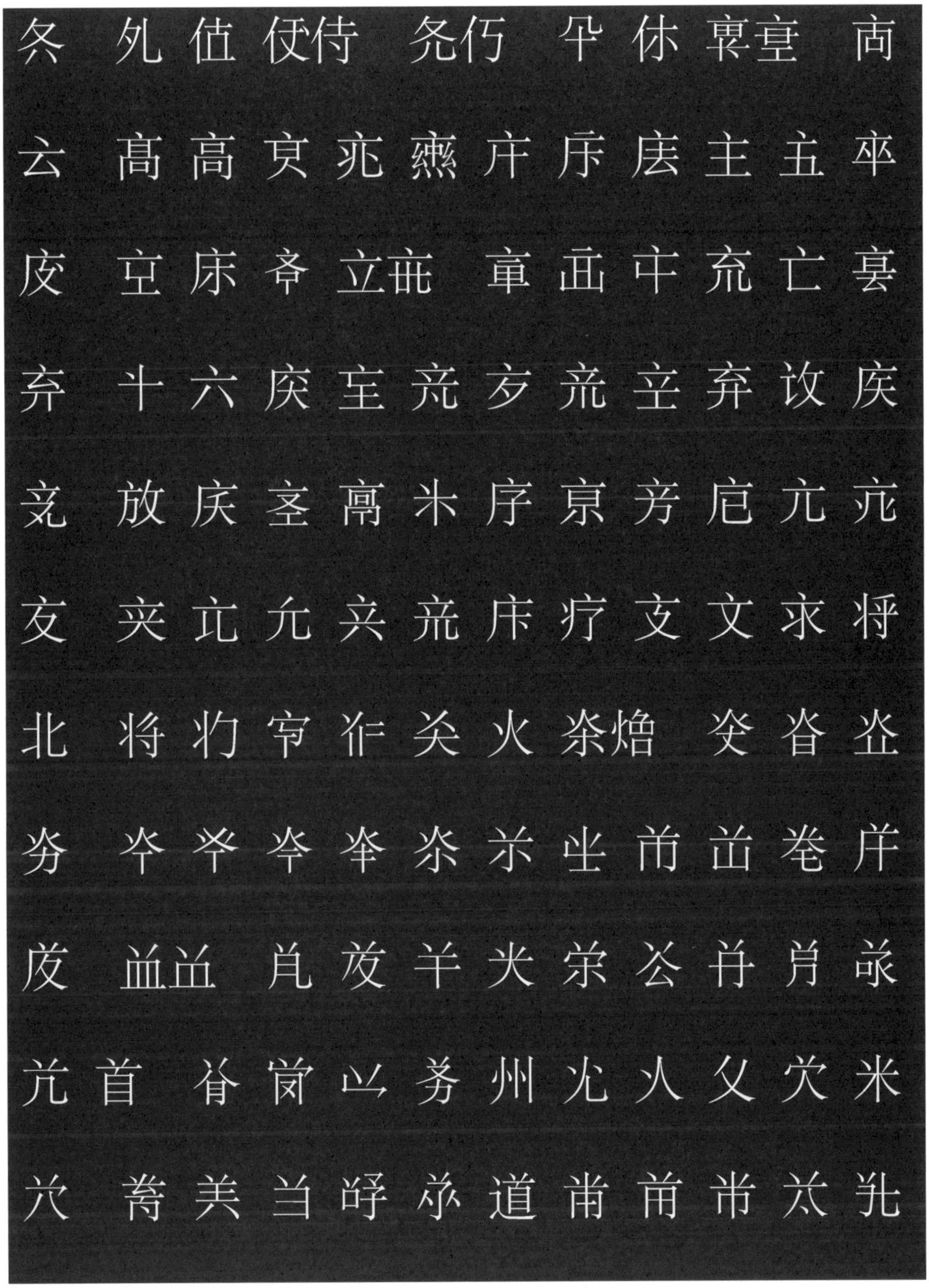

脊 尒 弟 若 卷 美 卷 脊 尾 安 脊 关

荅 芮 弟 弟 弟 甫 之 卒 芮 荔 首 美

半 呼 光 等 市 苂 乌 宗 爪 亩 莫 光

业 奂 奂 台 光 並 羌 岜 宇 兑 守 安

文 京 夸 宴 寨 奎 窦 冗 宵 公 宅 安

変 安 宗 实 安 涓 涓 小 冉 漫 沉 清

沠 溵 汝 没 決 派 消 兴 涓 洏 涉 永

亢 之 文 兖 亢 查 什 议 穴 岸 屈 帍

尾 房 诂 房 尽 膚 庚 戾 良 之 尺 卮

庄 丶 兴 匕 帝 茆 京 涂 室 菴 泊 尊

美 议 丹 奥 几 荒 哼 典 流 京 冉 夲

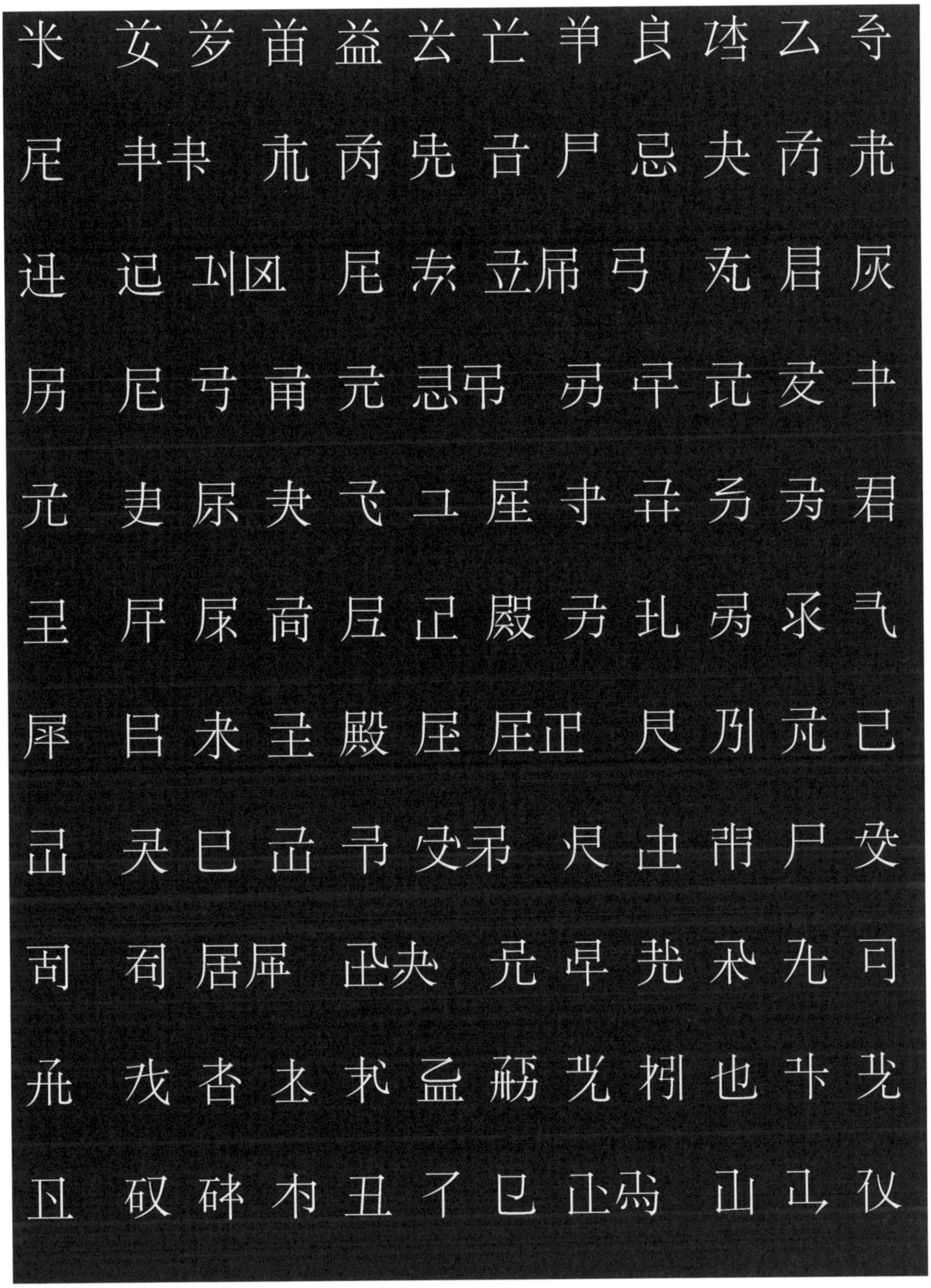

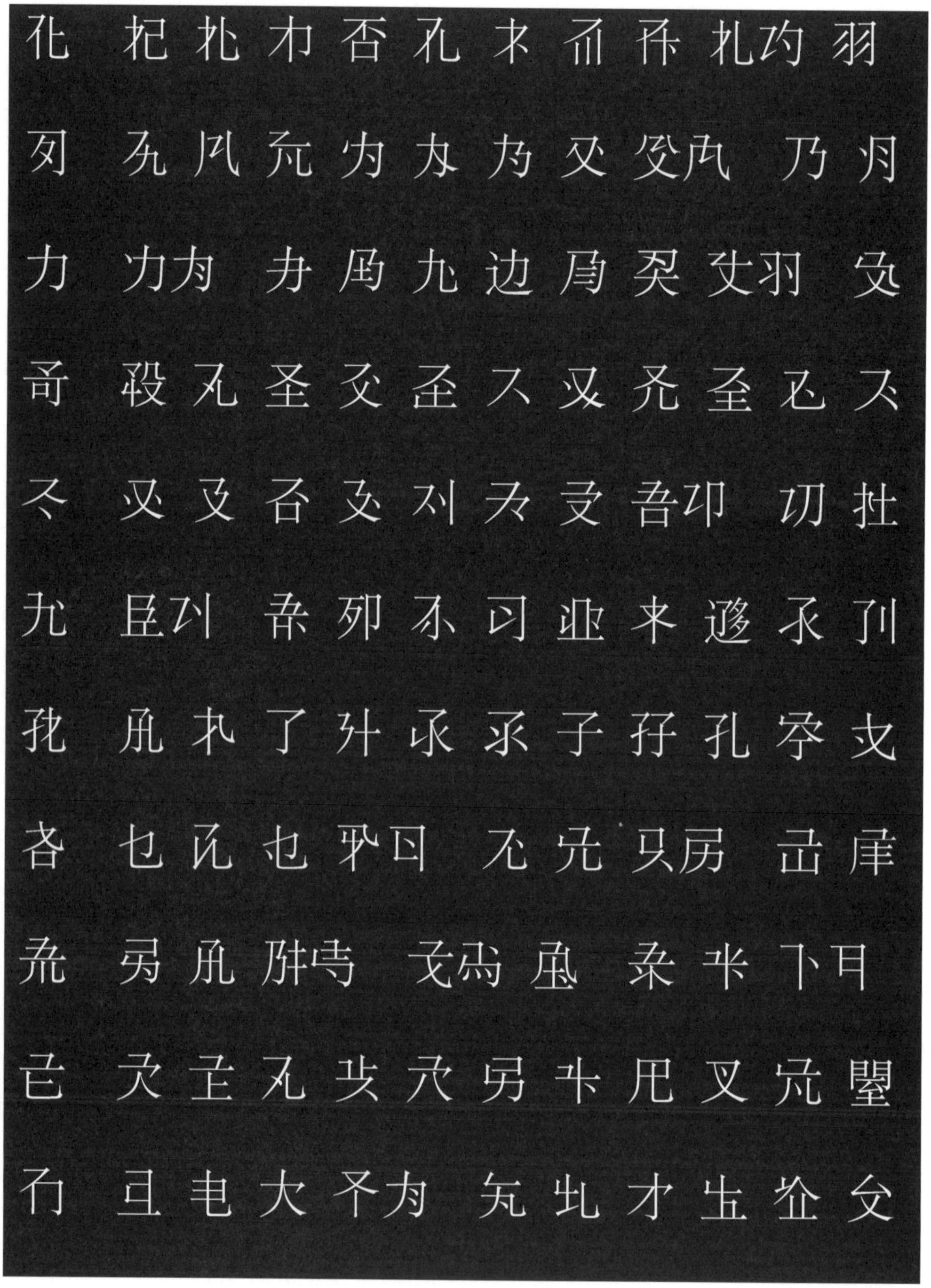

卞 乚 坐 坐 失 完 吞 乇 古 步 氷 支

生 壯 料 中 非 忧 步 十 肯 半 将 卞

林 先 非 非 非 丼 以 夊 欠 女 发 矢

奶 安 女 大 比 乍 先 先 冬 岁 妃 先

亽 允 兆 丈 大 丸 臭 弁允 允 弁 垒

允 充 舟 舟 台 真 甬 參 介 全 角 冬

甬 尔 毌 矢 昨 安 紂 繞 糺 紌 ㄙ 乞

矣 () 约 幼 东 安 絹 才 木 尔 尔 曰

乢 癸 仈 夹 夹 反 仇 上 早孔 生 生

去 山 查 癸 丈 馬 坡 小 你 歹 早 ㄲ

夕 乎 年 孝 伐 仿 仍 平 面 木 甲 麦

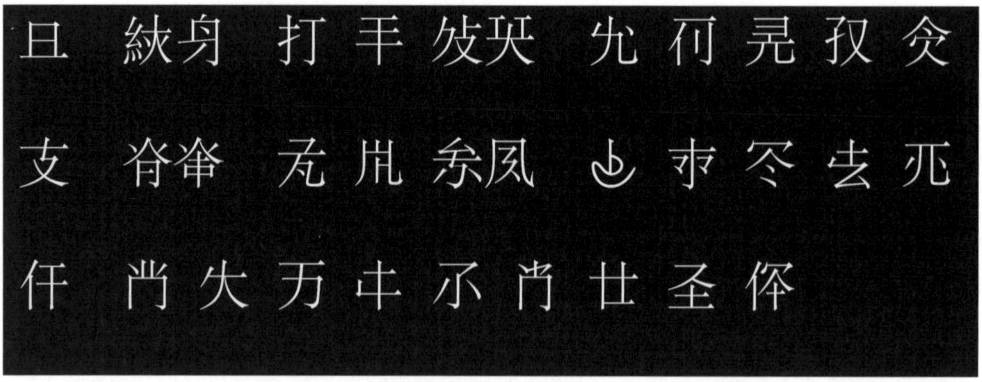

59. Khitan small 411 字

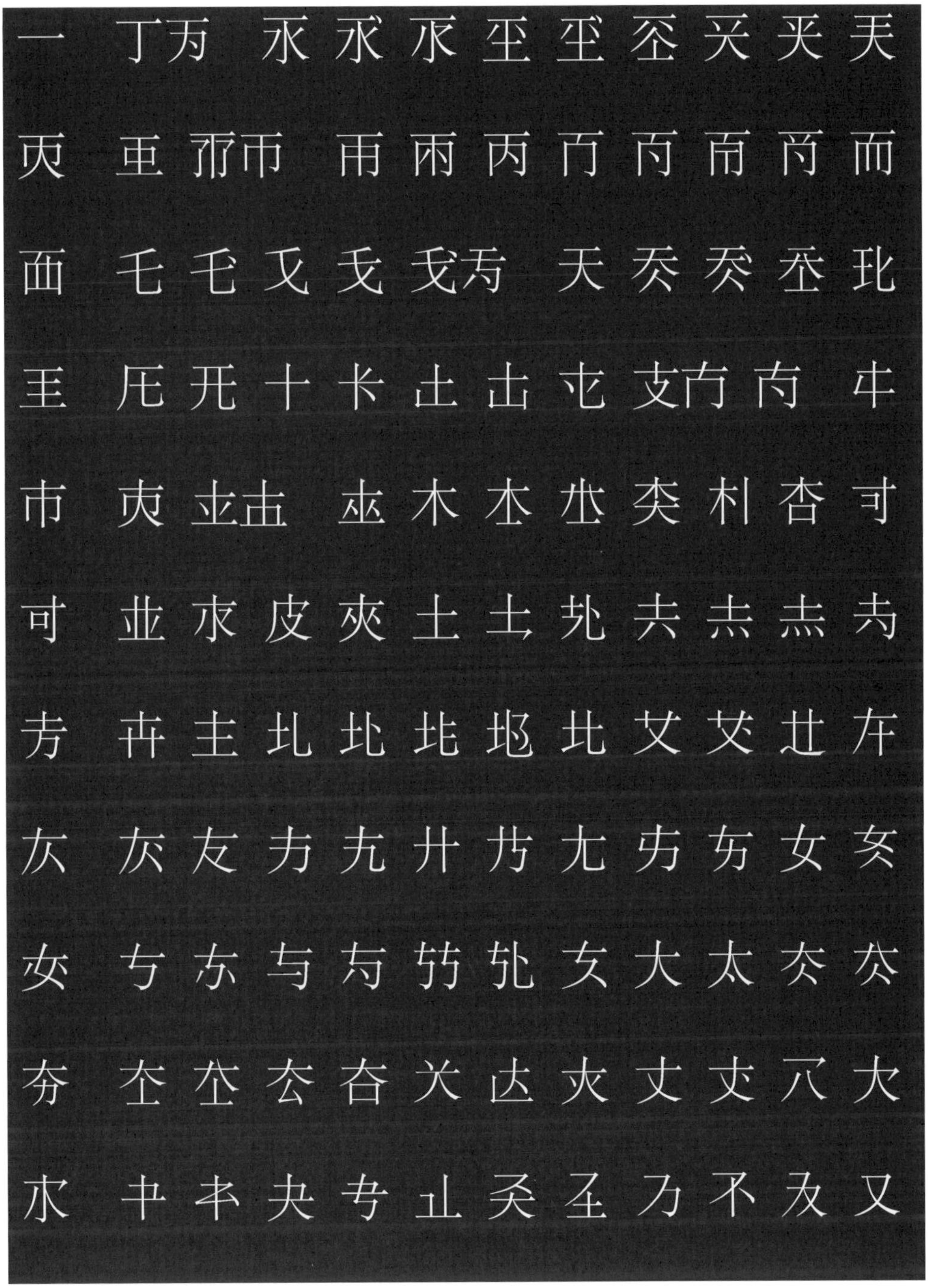

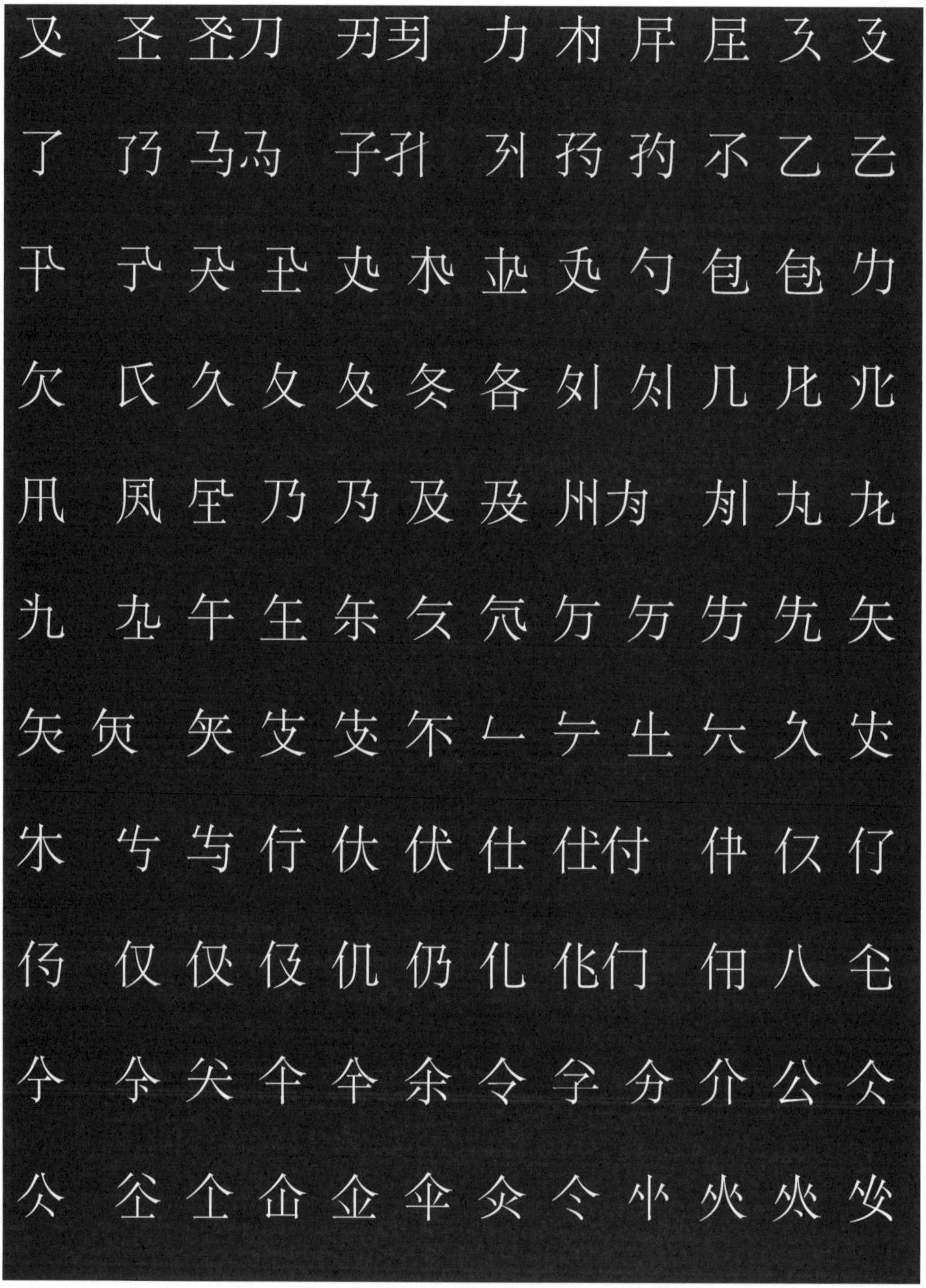

炏 乂 义 圣 癶 圣 女 奴 安 幺 金 夆

佘 公 北 业 非 非 叔 上 山 山 生 中

穴 出 水 步 类 小 业 业 凶 尚 肖 门

门 用 周 闲 肉 冈 网 网 国 册 冊 册

丹 丹 丹 目 月 受 曲 由 由 内 口 虫

电 文 交 主 亦 文 六 穴 示 几 才 认

汋 酒 关 八 从 由 卤 火 火 火 炎 券

谷 坐 华 峦 咨 乡 米 尘 半 半 尘 羔

当 考 常 丷 灾 罕 宋 乇 乇 兄 兄 穴

又 丕 吊 写 王 丶 汞 王 压 艾 兆 与

与 晋 犀 八 甩 垦 白 疗 乇 癸 劳 义

夂卜 儿 乚 勺 冄 冉 罗 凷虫 点 牛 洒

汁 奋 凤

60. Naxi 2150 字

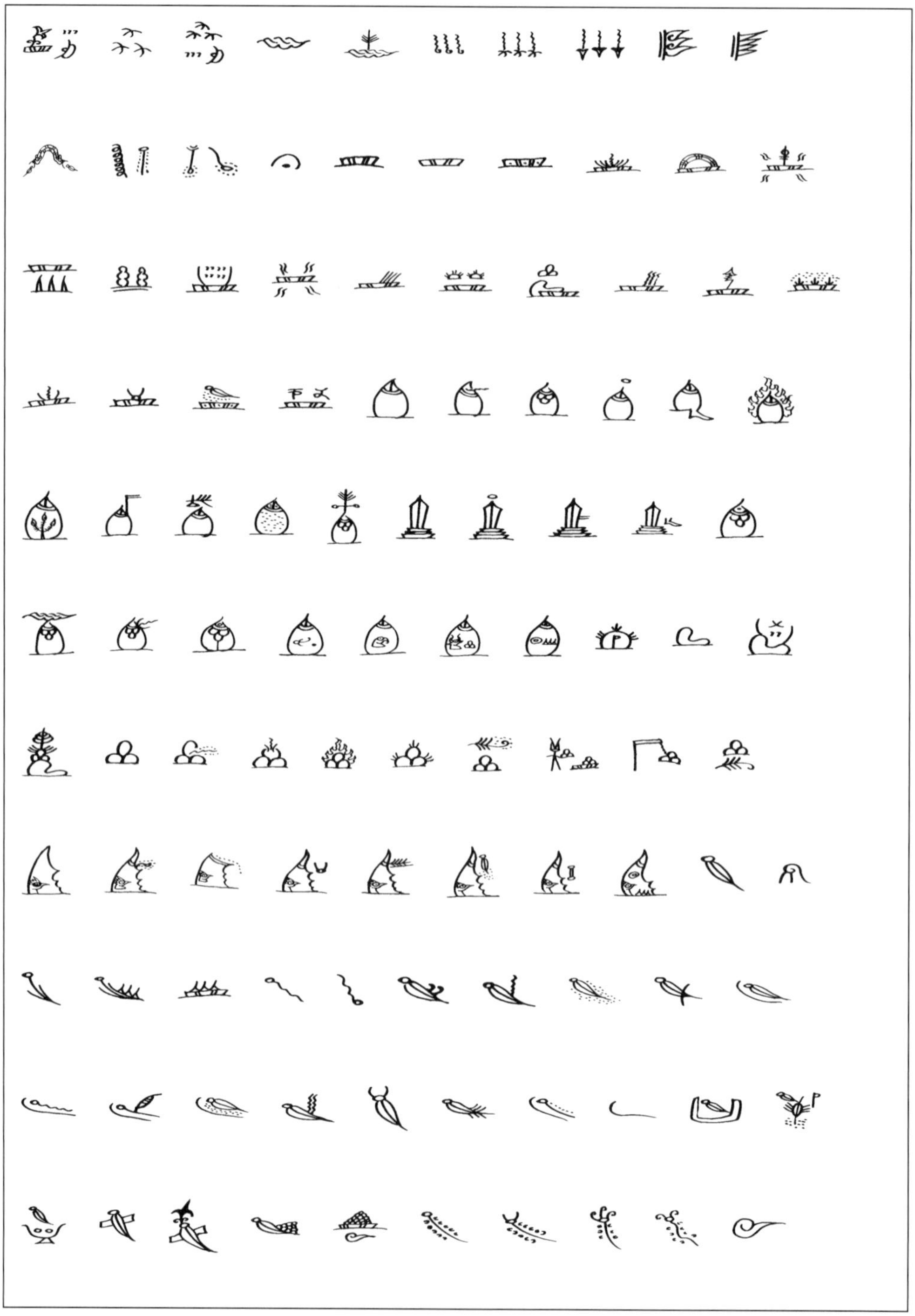

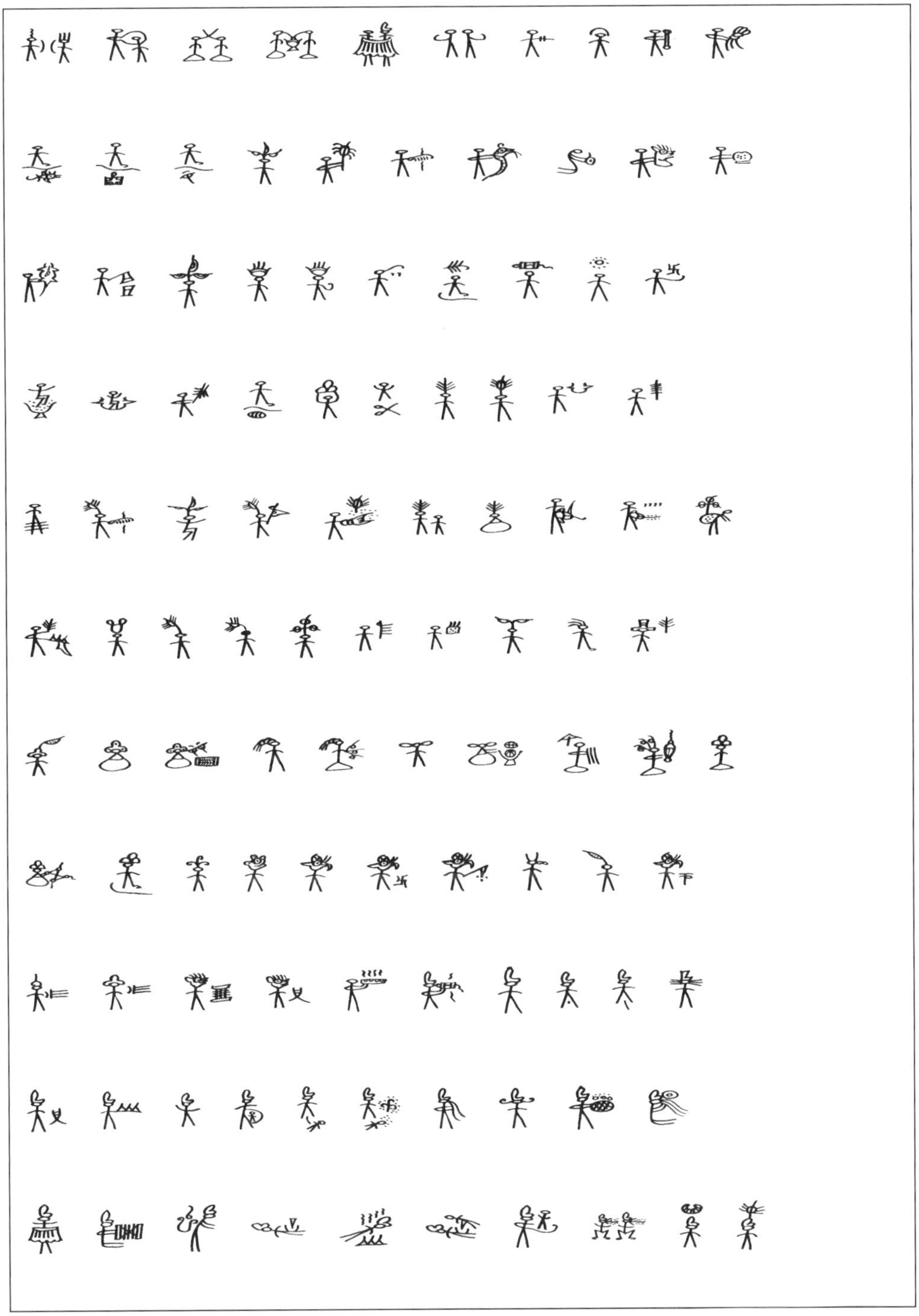

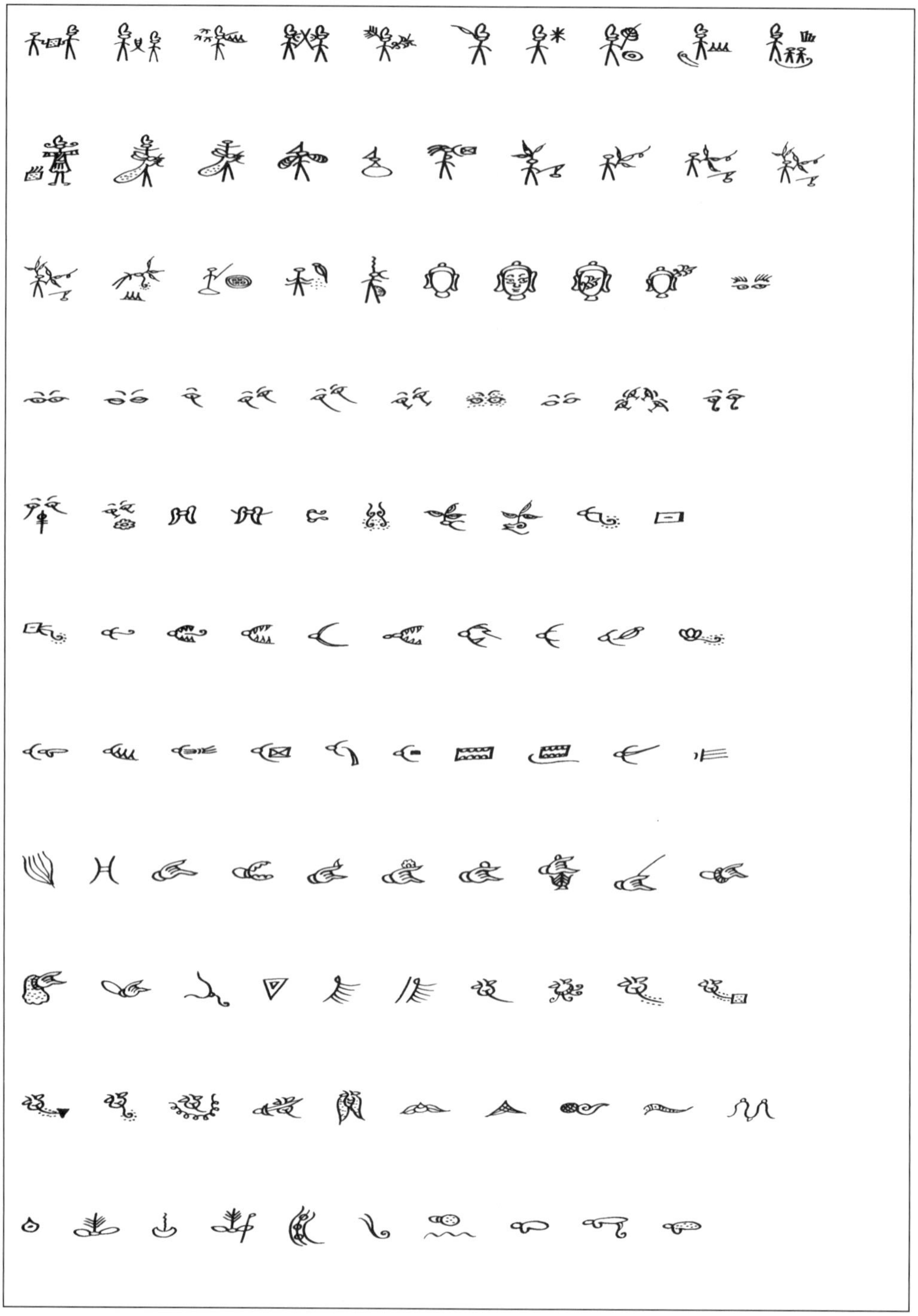

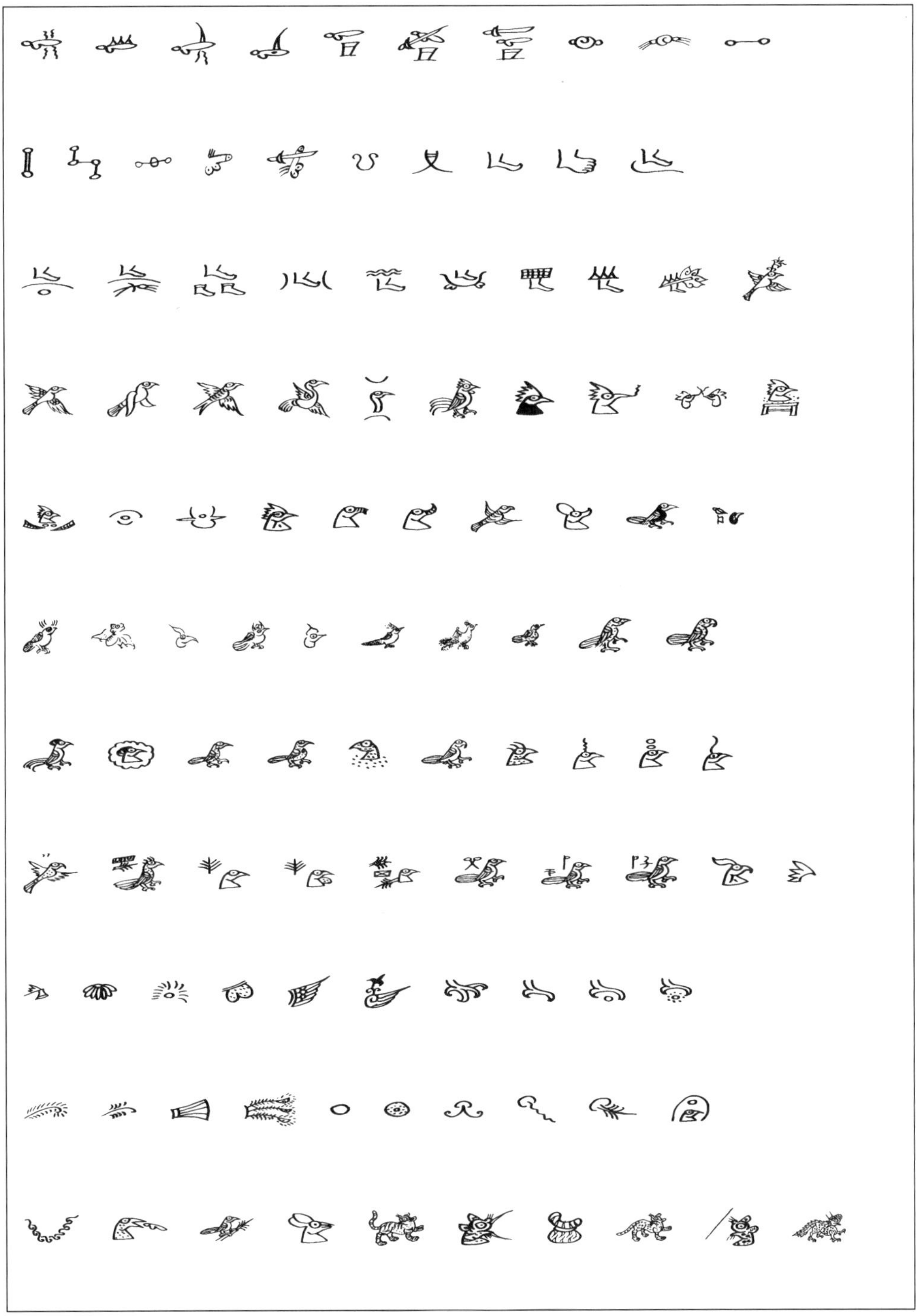

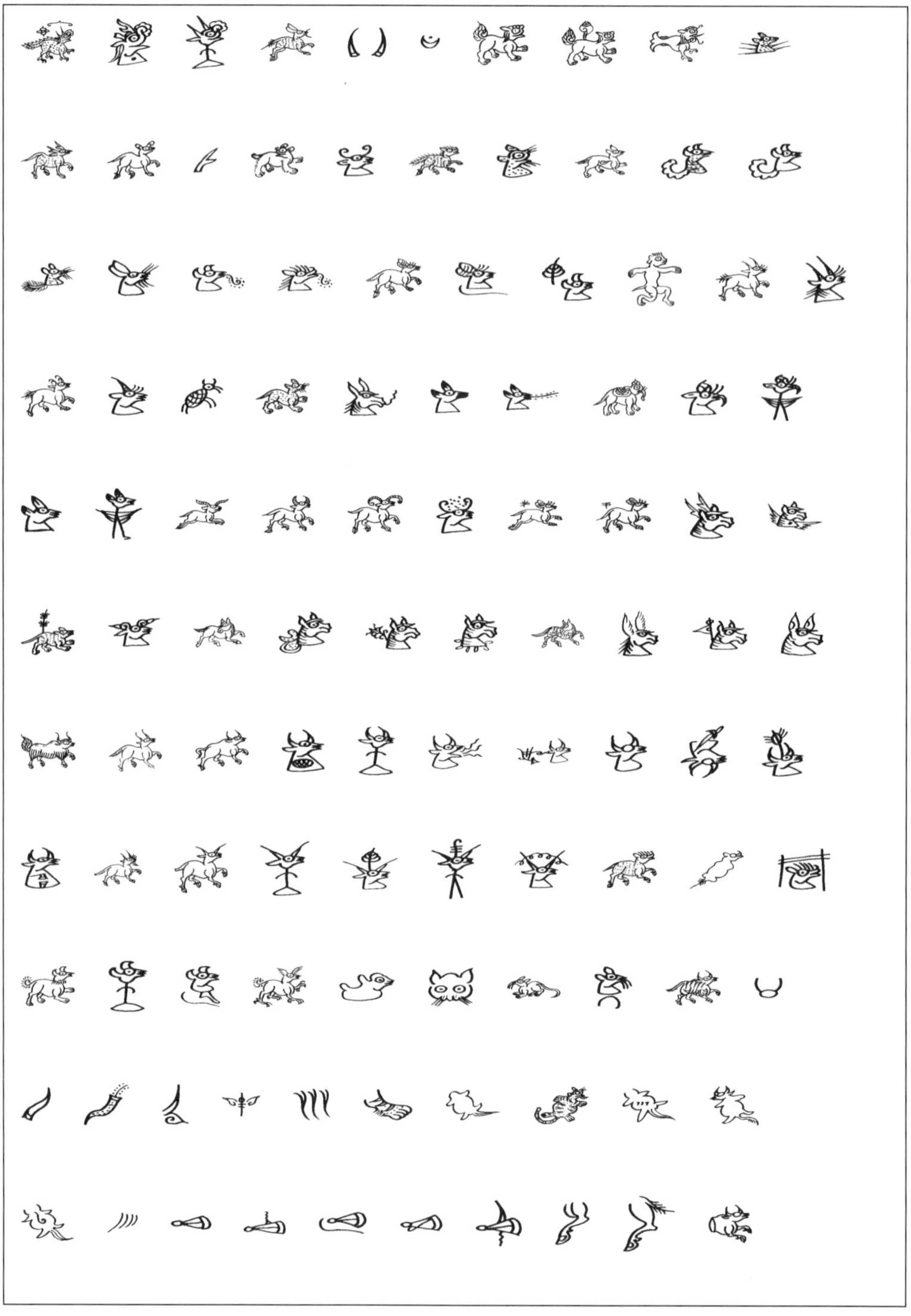

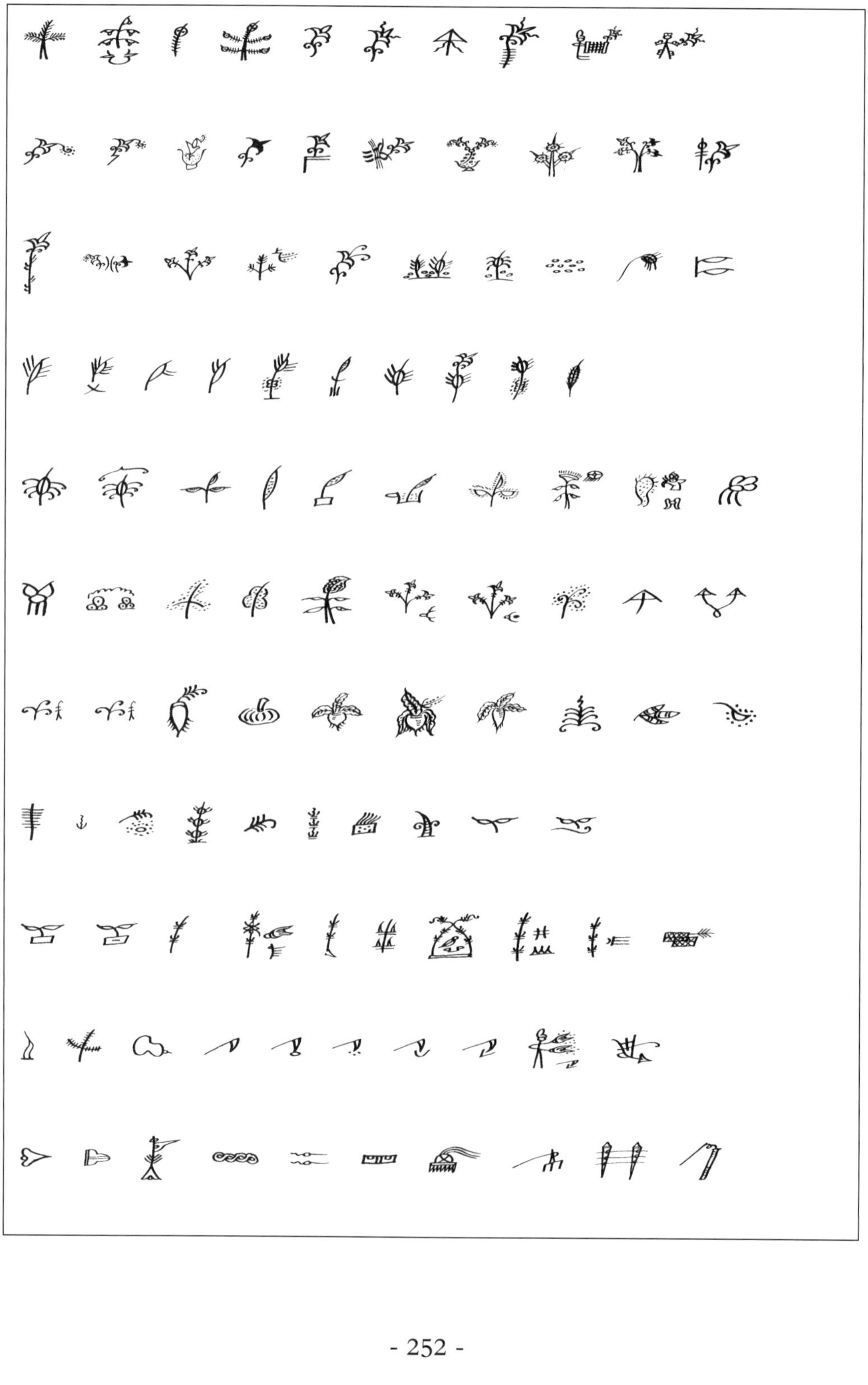

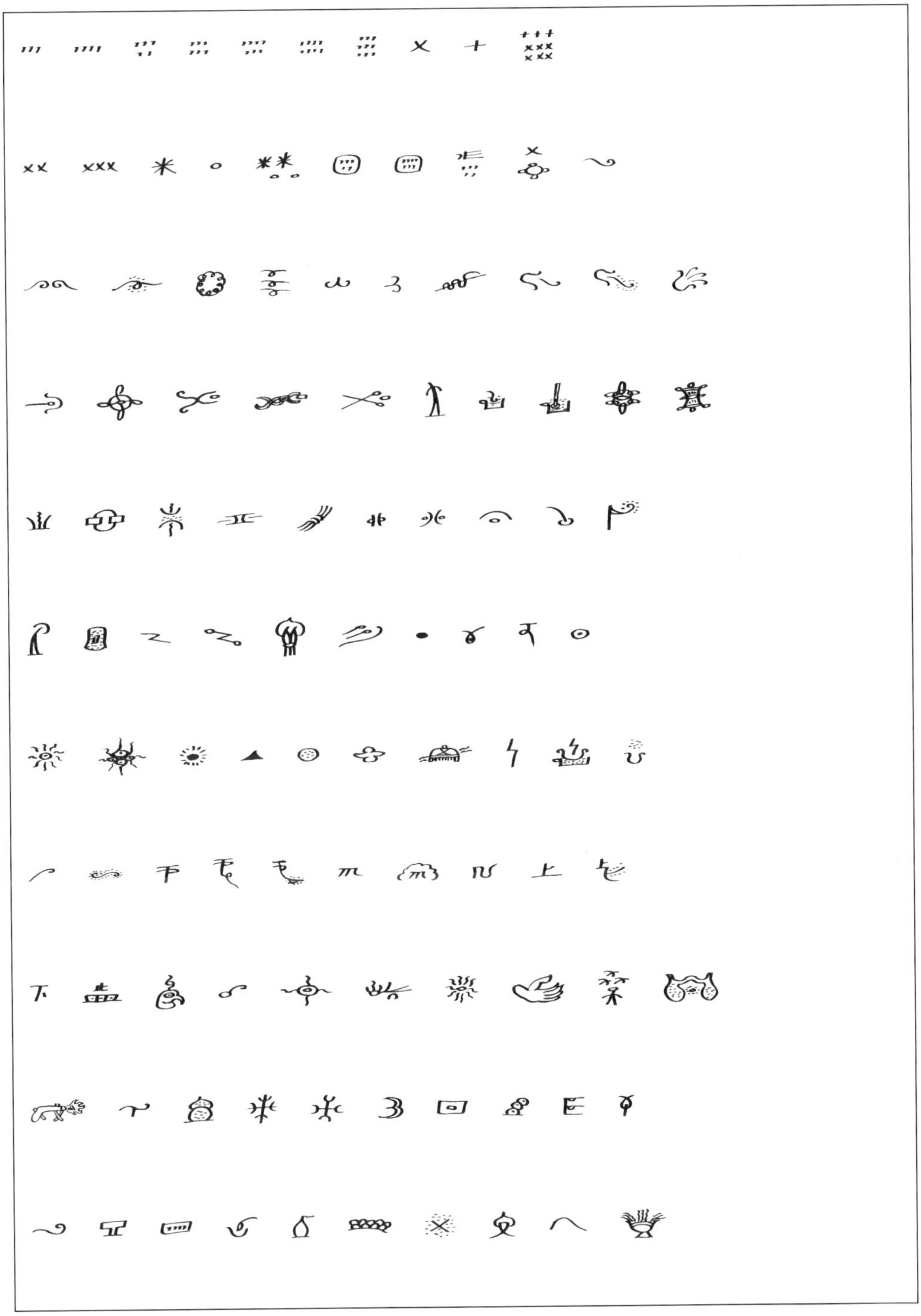

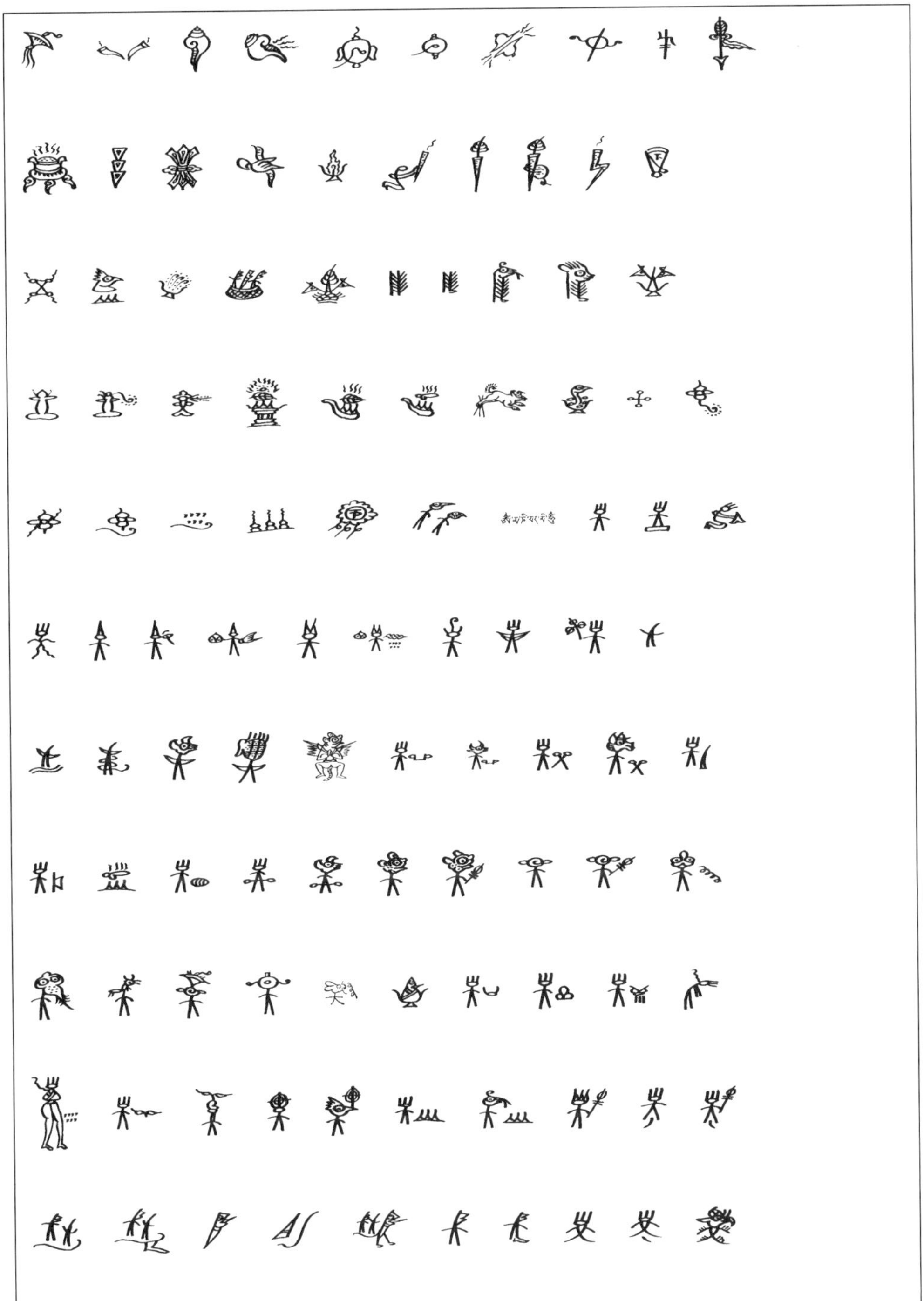

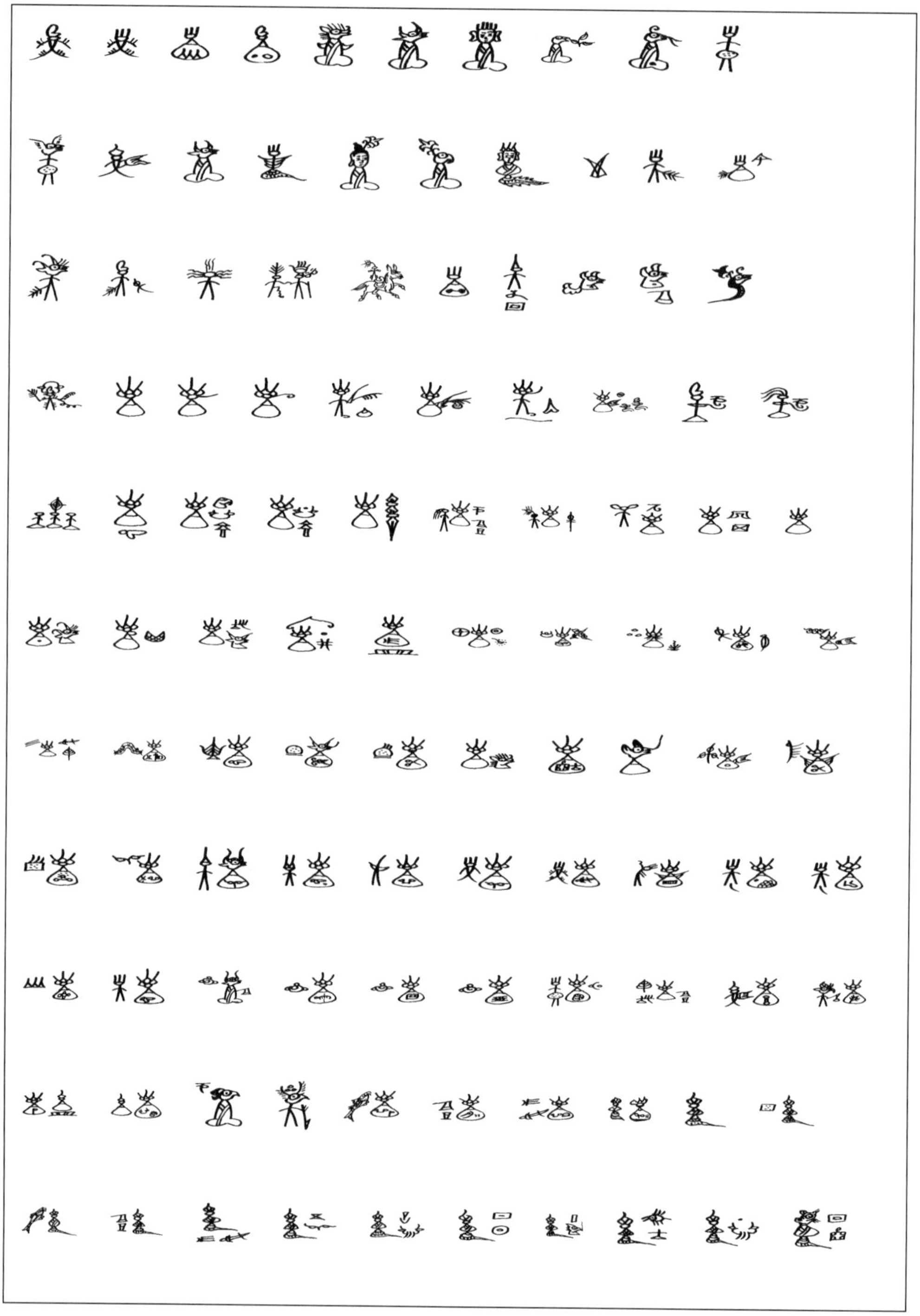

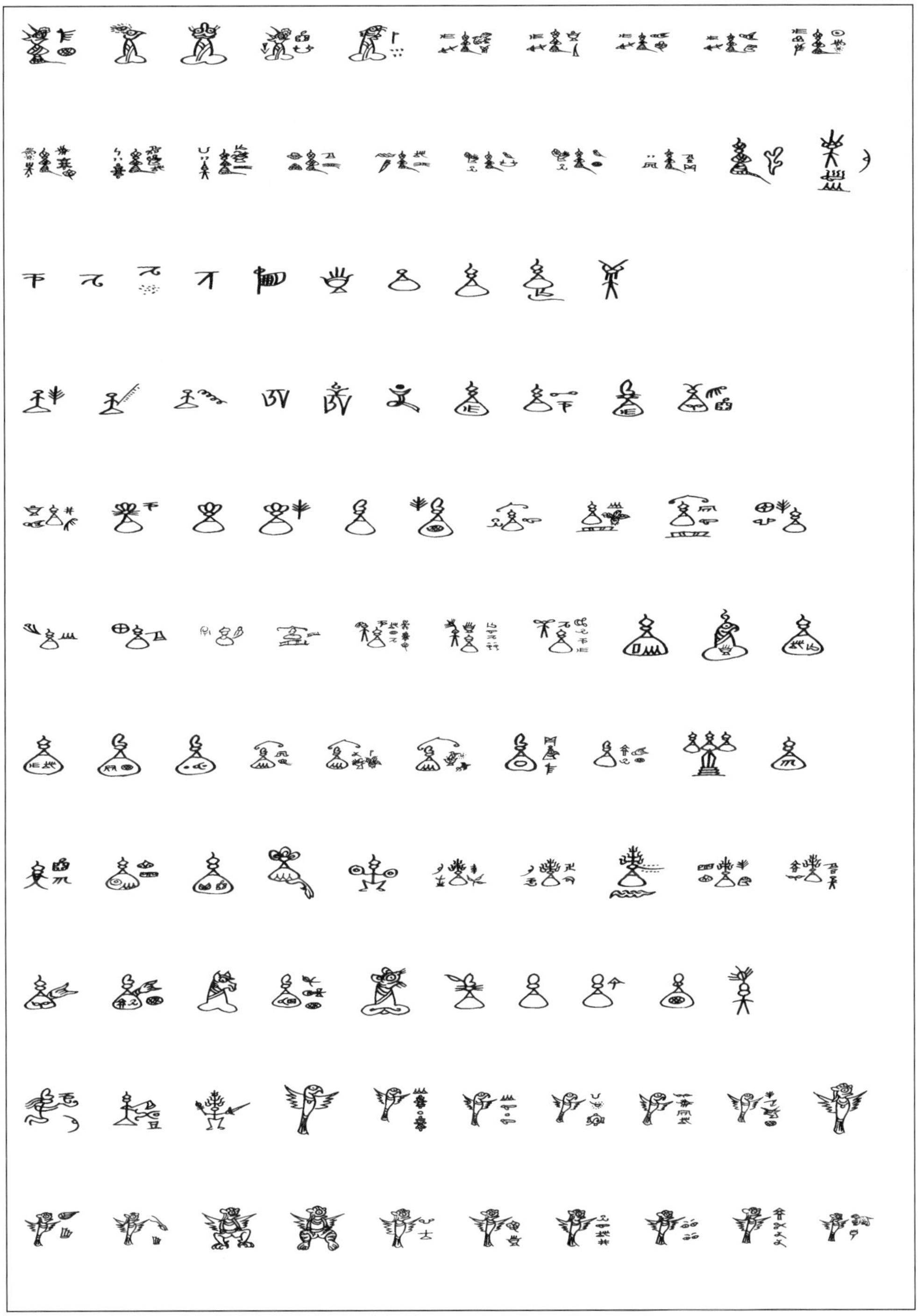

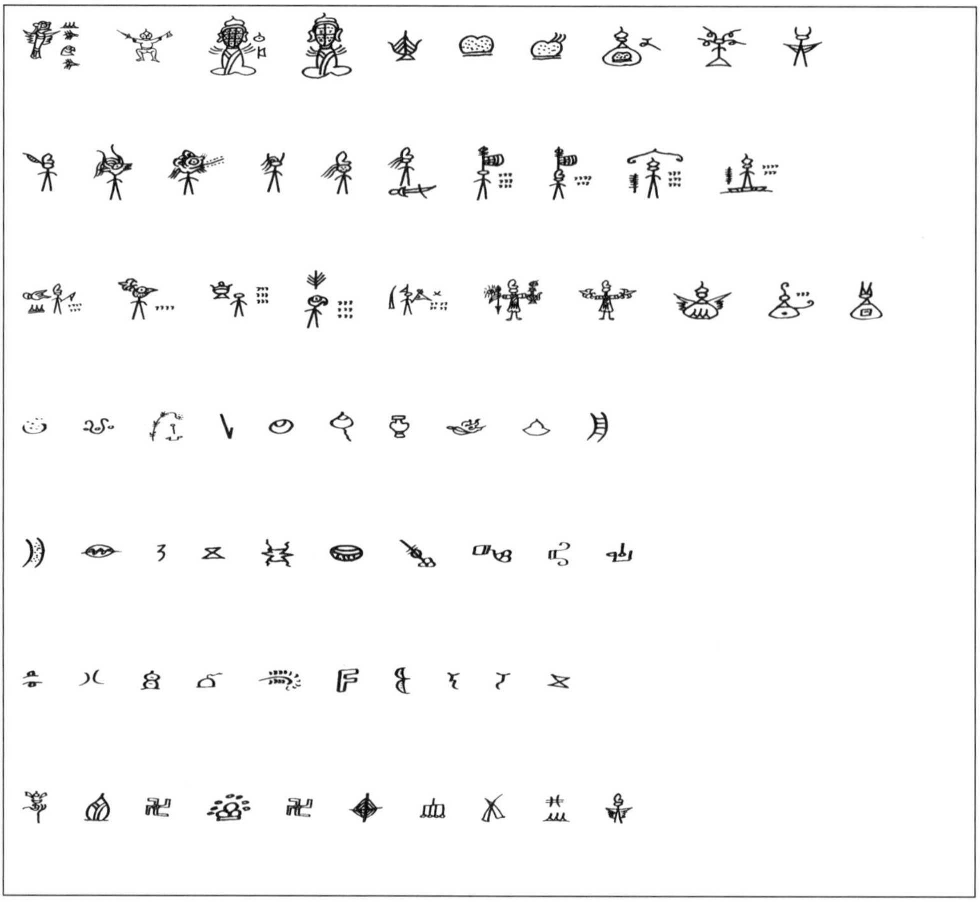

61. 女書 393字

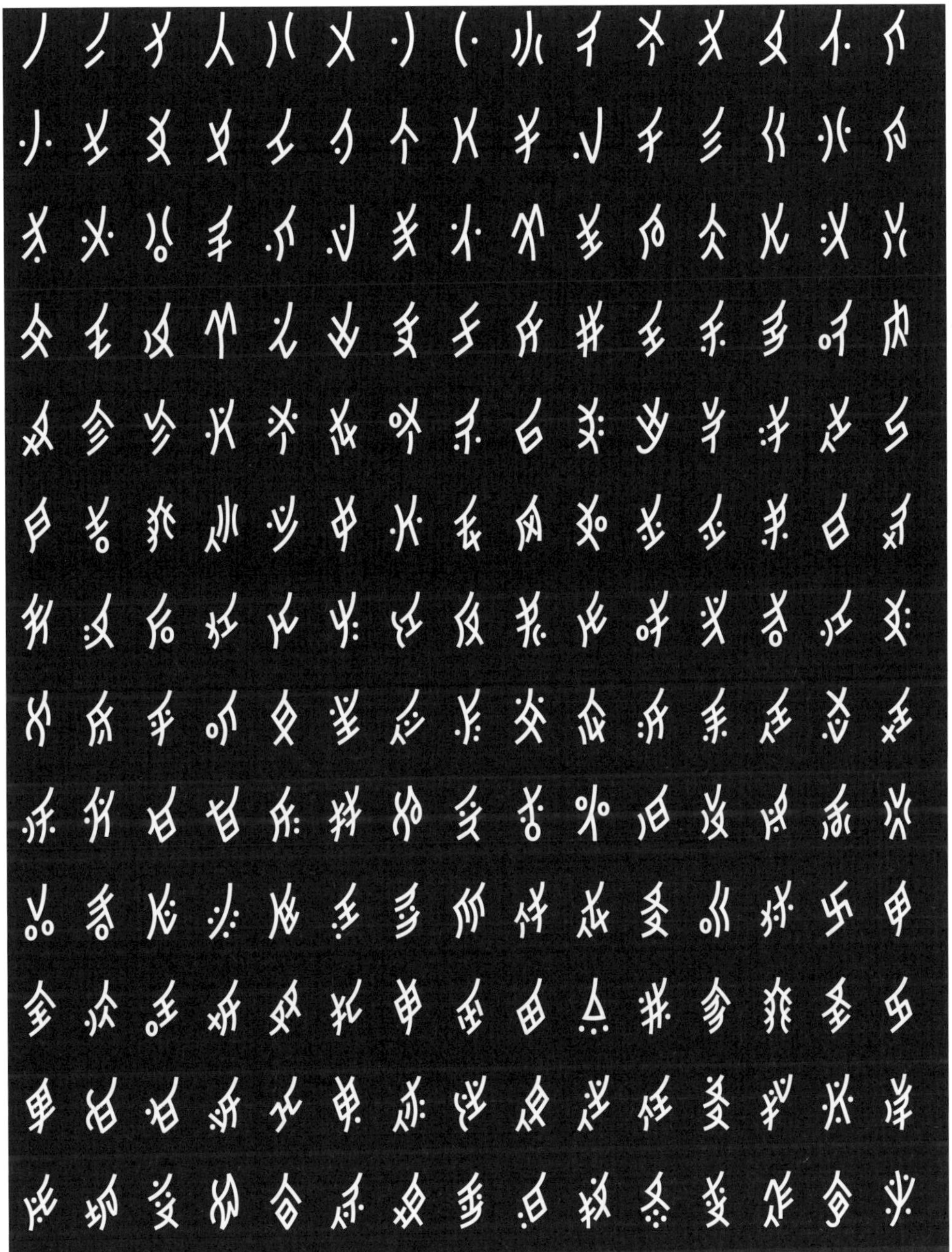

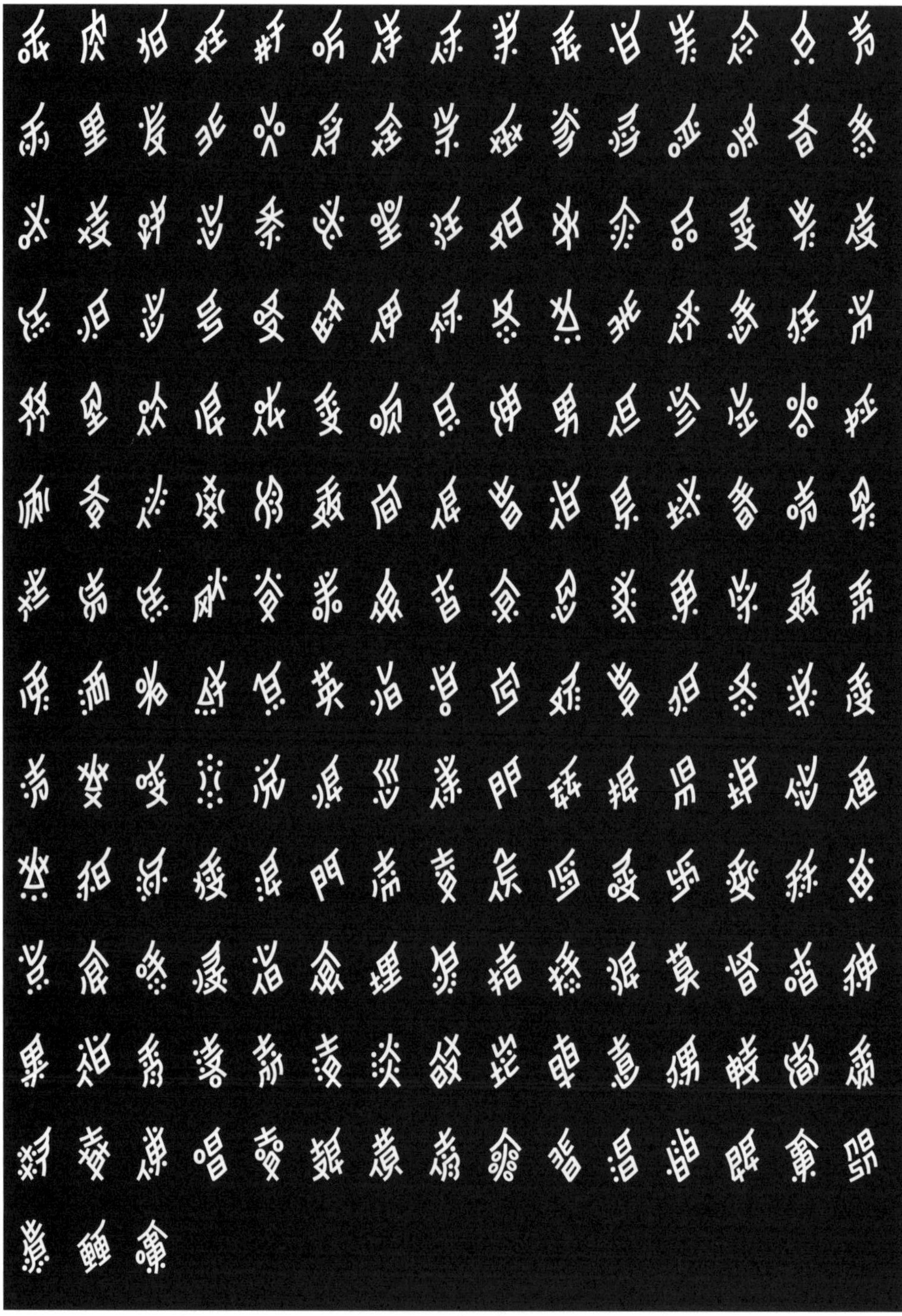

62. Tangut 部首

1 畫

2 畫

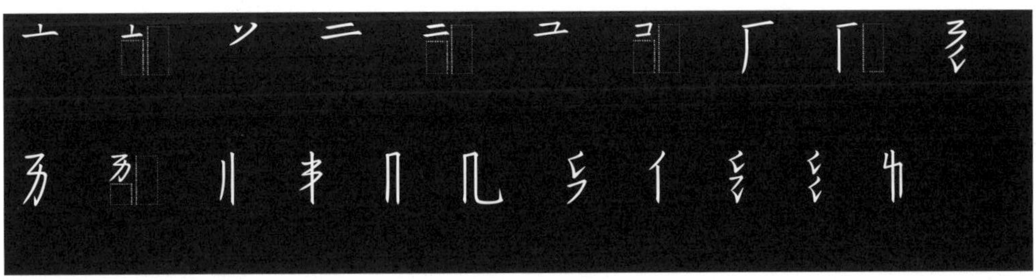

3 畫

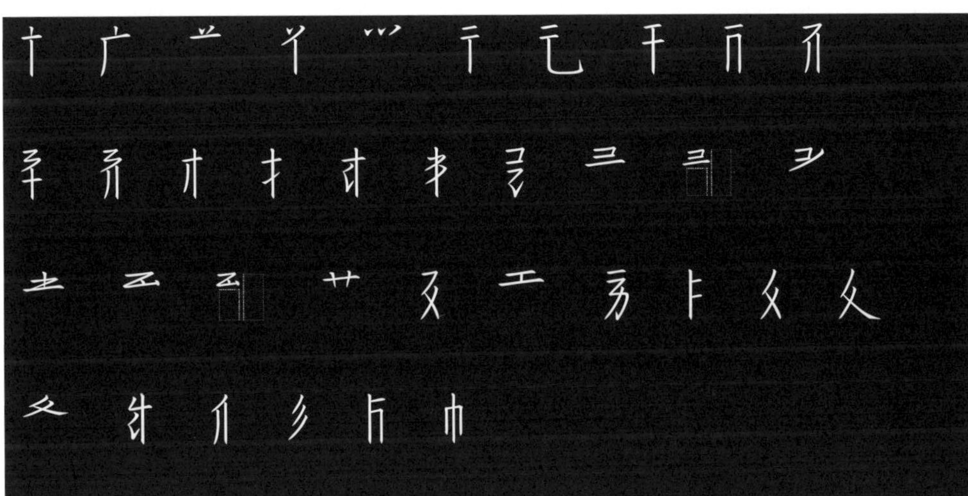

4畫

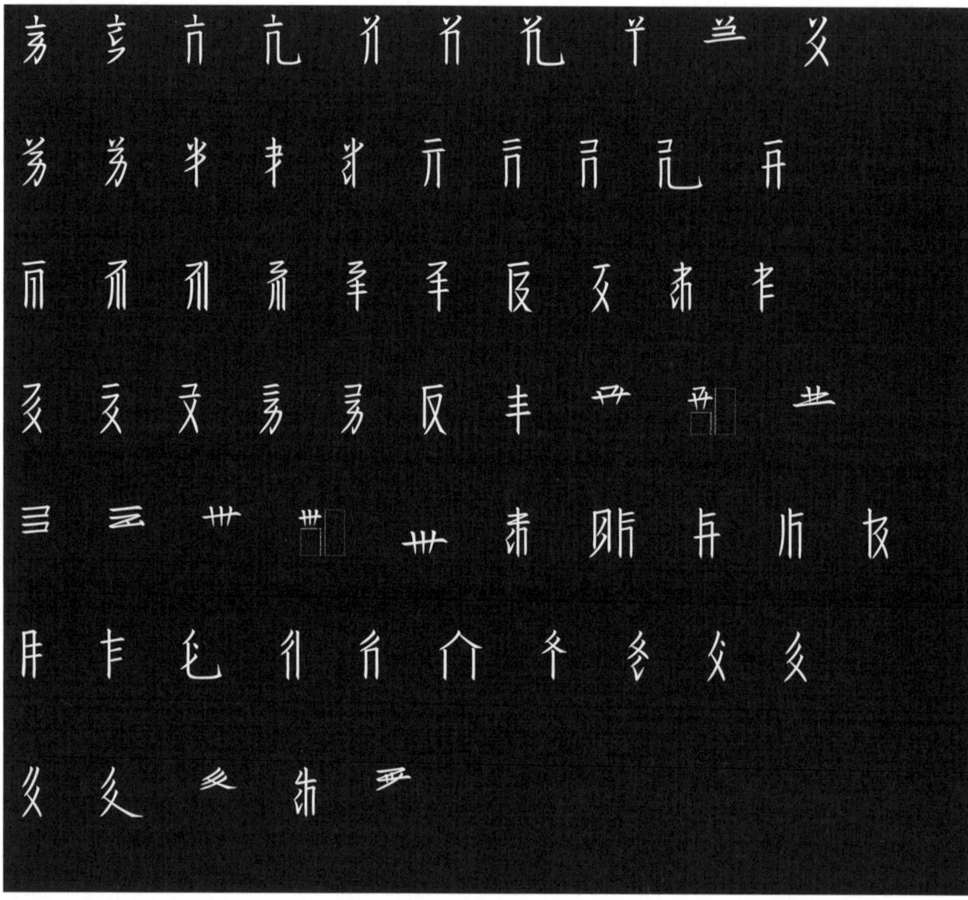

5畫

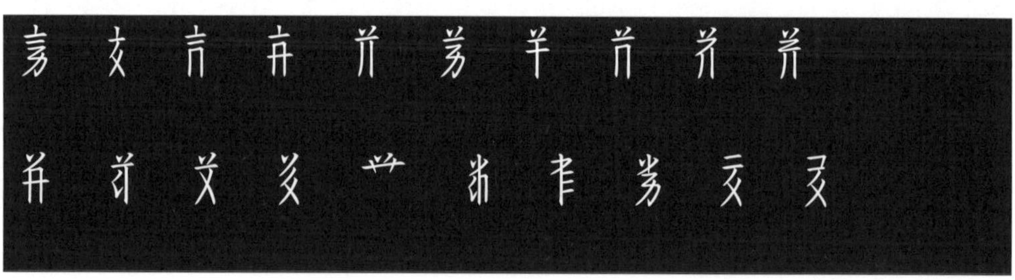

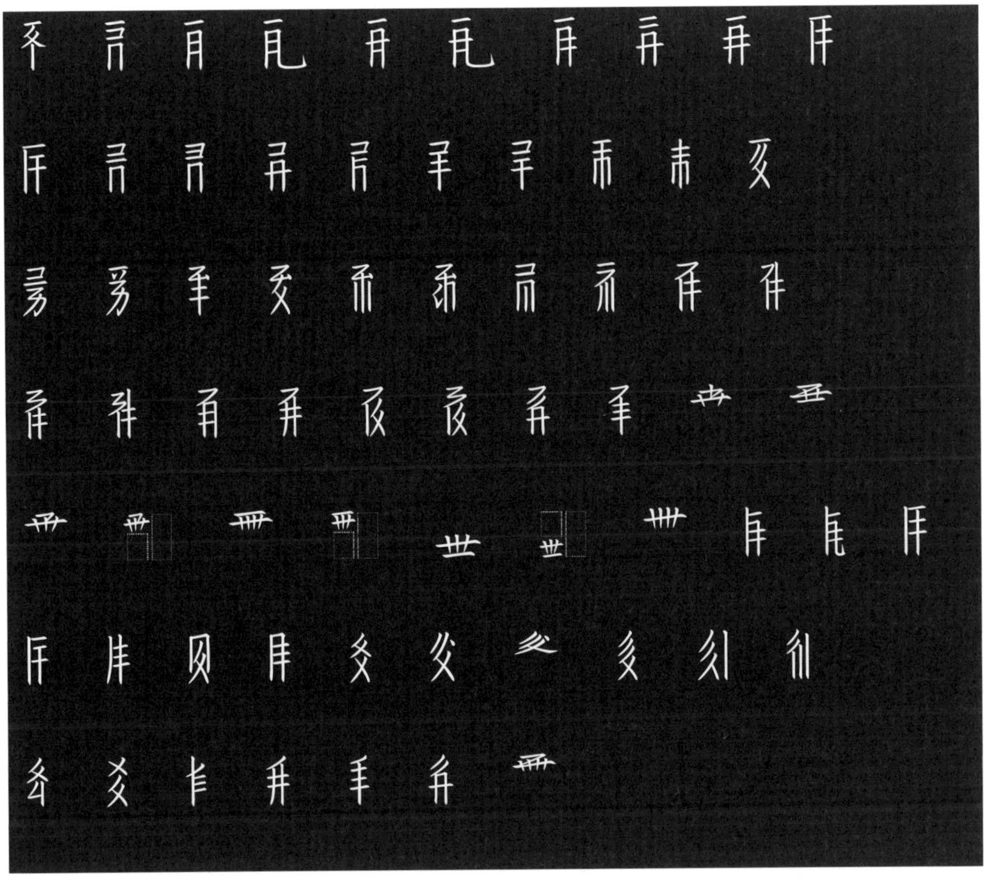

6 畫

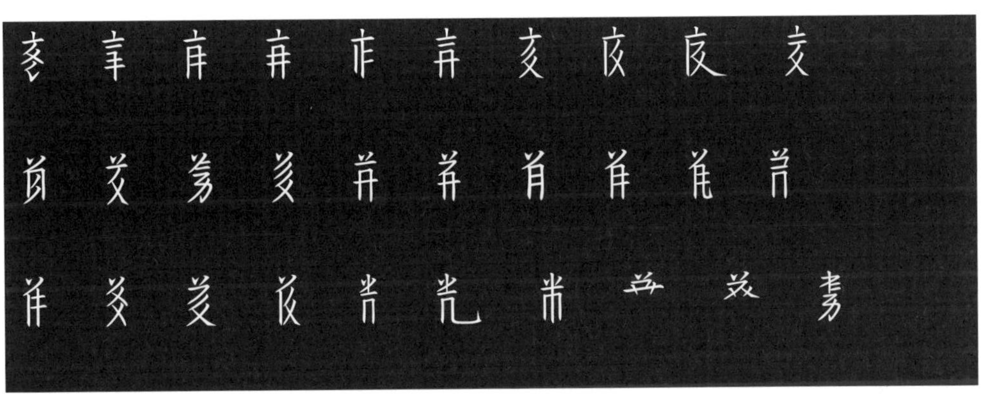

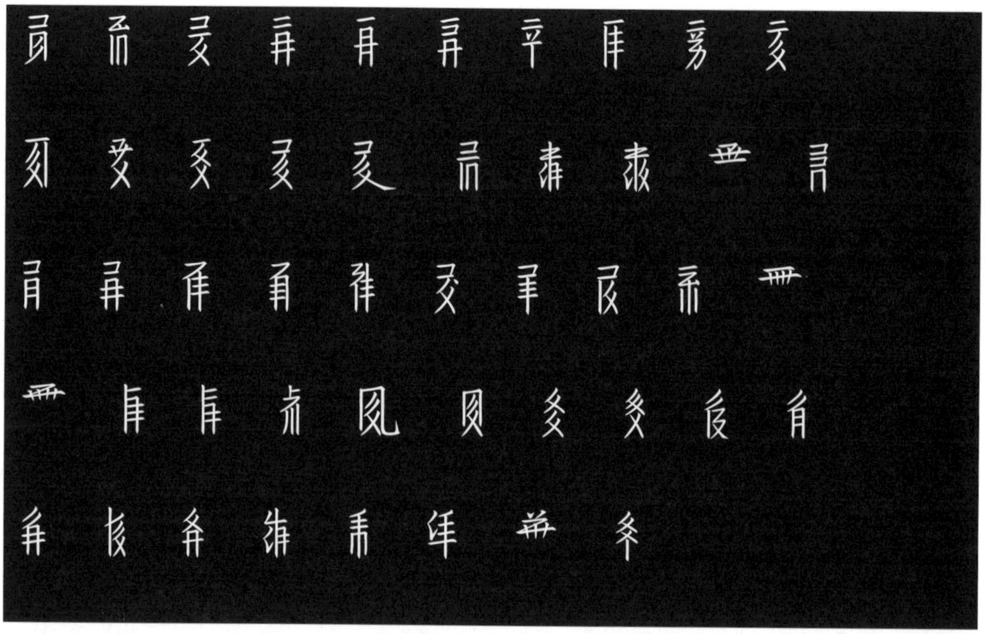

7 畫

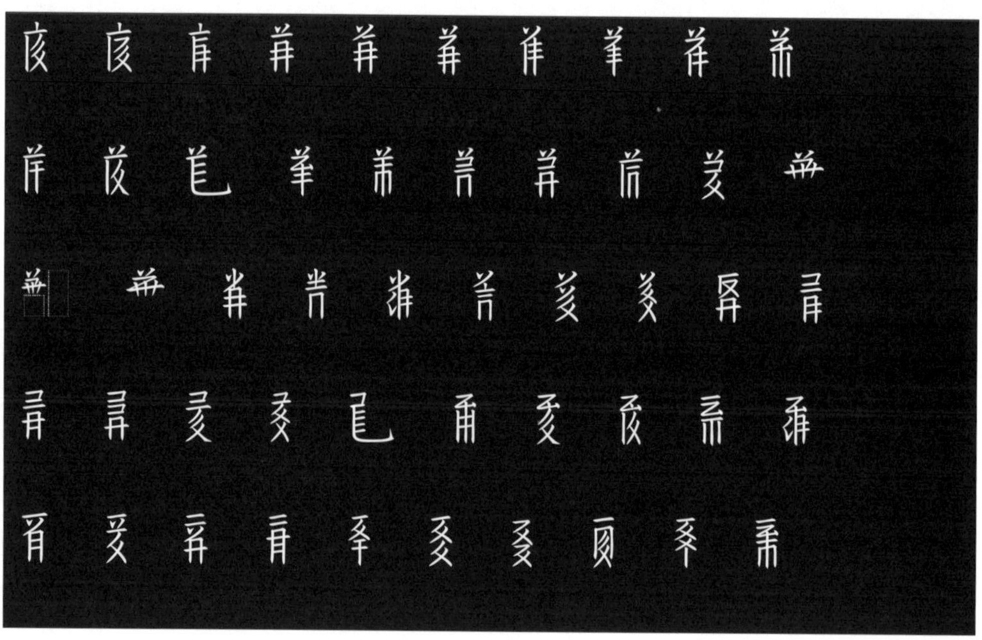

8 畫

9 畫

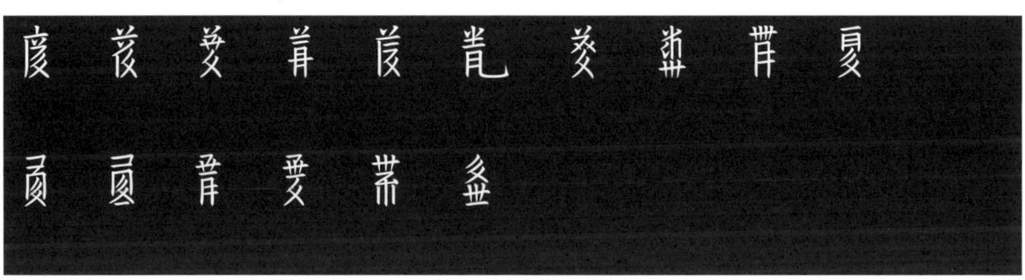

10 畫

11 畫

12 畫

참고문헌 參考文獻

種子集.
天竺字母譜.
天竺音韻翻切配合十二譜.
漢滿蒙藏四體合璧大藏全咒.
欽定清漢對音字式.
華夷譯語.
番漢合時掌中珠.
百家姓蒙古文.
欽定西域同文志.
皇朝通志.

〈중요 참고 인터넷 사이트〉

https://21dzk.l.u-tokyo.ac.jp/SAT/
https://en.wikipedia.org/wiki/
https://www.aksharamukha.com/
http://www.ccamc.co/
https://www.babelstone.co.uk/
http://hkuri.cneas.tohoku.ac.jp/

실담학의 本山(본산) 毗曇寺(비담사)

주지 承德(승덕)스님.

전 화 : 010-5620-8653
E-mail : schooluse@hanmail.net
강원도 원주시 문막읍 귀문로 1255-84

저자 소개 고오석 高午錫

전남 담양 출생.

광주대 문헌정보 전공

종합실담학개론 저술

梵語千字文과 梵唐消息 註釋 저술

YouTube채널 : 실담학고오석

실담학 학술총서 3

신 천축문자자모보

2024년 9월 30일 초판 1쇄 발행

지은이 : 고오석
펴낸이 : 김병환
펴낸곳 : 학자원
주　소 : 서울시 강동구 천호대로 1121
전　화 : 02) 6403-1000
팩　스 : 02) 6338-1001
E-mail : hakjaone@daum.net
등　록 : 2011년 3월 24일 제2011-14호

HAKJAONE Publishing Co.
1121 Cheonho-Daero Kangdong-Gu Seoul

ISBN 979-11-6247-330-6 94790
979-11-6247-181-4 (세트)

값 30,000원